제36회 공인중개사 시험대비 **전면개정판** 동영상강의 www.pmg.co.kr

박문각 공인중개사

브랜드만족
1위
박문각

2025

근거자료
별면표기

최상준
중개사법

또나올
핵심요약 및
지문 완성노트

최상준 편저

이 책의 **머리말**

"滴水不停이면 可以穿石이다." "쉼 없이 떨어지는 한 방울, 한 방울의 물방울이 단단해 보이는 바위도 뚫을 수 있다."라고 하였습니다. 이 한 권의 "수험서"가 작은 물방울처럼 초석이 되어 나날이 어려워져 가는 공인중개사 자격시험을 준비하는 수험생 여러분에게 도움이 되어 제36회 시험에 고득점으로 합격하시기를 바랍니다.

"또 나올 핵심요약 및 지문 완성노트!!"의 구성과 특징은 다음과 같습니다.

01 최근 개정된 법령 및 기출문제(제17회부터 제35회까지 출제된 800여 문제)를 모두 검토하여 한눈에 볼 수 있도록 3회~4회 이상 출제된 내용들만을 모아 테마별로 핵심포인트(요약)와 대표문제 및 빈출지문 정리 (O/X지문)로 구성하였습니다.

02 출제빈도의 높고 낮음에 따라 단원별 내용을 적절하게 배분하여 고득점을 할 수 있도록 최적화하였습니다.

03 최근 출제경향에 맞게 단원별로 기출문제, 판례, 예상 및 변형 출제 등을 고려하여 구성하였고 학습효과를 극대화시킬 수 있도록 중요한 내용들은 반복 기술하였습니다.

04 기본서나 필수서로 학습하면서 본서를 "부교재"로 활용하시면 더욱 효과적입니다. 즉 11월부터 시작되는 "기본서" 강의와 3월부터 시작되는 "필수서" 강의를 들으실 때 복습 및 정리용으로 함께 보신다면 금상첨화입니다. 단원별로 핵심내용과 출제경향 및 맥락을 금방 파악하게 되어 남은 기간 동안 학습의 효율성을 높이고 단기간에 실력을 쌓는 데 매우 큰 도움이 될 것입니다.

05 본서를 보면서 모르는 문제나 지문은 반드시 체크해 놨다가 2순환 강의 때 다시 보고, 그래도 이해가 안 되면 3순환 때 다시 보시면 완전히 이해가 될 것입니다. 시험공부는 반복하는 것이 최고의 방법입니다. 모르는 것을 붙잡고 고민하며 시간을 낭비하지 마시고, 아는 것을 잊어버리지 않도록 하는 것이 더 중요합니다. 법학은 앞뒤가 유기적으로 연결되어 있고, 특히 우리 과목의 중개실무는 다른 법과목과 연관되어 있기 때문에 시간을 두고 반복하다 보면 자연스럽게 이해가 되는 내용들이 정말 많습니다.

다년간의 수험서 저작 및 강의 경험과 노하우를 총 동원하여, 수험생 여러분의 단기 합격을 위하여 다시 출제될 핵심 내용들을 빠짐없이 수록하려고 최선을 다했습니다. 이 책이 수험생 여러분의 합격의 디딤돌이 되어 제36회 시험에 꼭! 합격하시기를 진심으로 기원합니다!!

2024년 12월

편저자 **최상준**

CONTENTS

이 책의 차례

제1편 | 공인중개사법령

테마 01 **서론**(성격, 제정 목적)

━━━━━ **핵심포인트** ━━━━━

1. 법적 성격

1. **일반법**(기본법) : 부동산중개 및 중개업에 일반적으로 적용

2. **중간역**(혼합법 · 사회법) : 공법요소(자격시험, 등록, 형벌 등 제재)와 사법요소(중개계약 · 손해배상책임 등)가 혼합된 법률

3. 「**민법**」과 「**상법**」에 대한 **특별법 지위** : 「민법」과 「상법」 보충 적용

4. **국내법** : 국내에 있는 중개대상물에 적용

2. 제정 목적

> **제1조【목적】** 이 법은 공인중개사의 업무 등에 관한 사항을 정하여 그 "전문성을 제고"하고, 부동산중개업을 건전하게 육성하여 국민경제에 이바지함을 목적으로 한다.

1. 공인중개사의 업무 등에 관한 사항

2. **1차 목적** : 전문성 제고

3. **2차 목적** : 부동산중개업을 건전하게 육성

4. **3차 목적**(궁극적 · 최종목적) : 국민경제에 이바지

주의 목적이 아닌 유사 지문!

- 개업공인중개사의 재산권보호 (×)
- 부동산거래업의 건전한 지도 · 육성 (×)
- 부동산업의 건전한 육성 (×)
- 부동산 매매업 또는 임대업을 목적으로 (×)

━━━━━ **대표문제 및 빈출지문 정리** ━━━━━

01 다음 ( ) 안에 들어갈 용어를 순서대로 바르게 나열한 것은?

> 「공인중개사법」은 공인중개사 업무 등에 관한 사항을 정하여 그 ( )을(를) 제고하고 ( )을(를) 건전하게 육성하여 ( )에 이바지함을 목적으로 한다.

① 전문성 − 부동산중개질서 − 국민경제
② 개업공인중개사의 지위 − 부동산중개업 − 국민경제
③ 전문성 − 부동산중개업 − 국민경제
④ 개업공인중개사의 지위 − 부동산거래질서 − 국민의 재산권 보호 및 국민경제
⑤ 부동산거래질서 − 부동산중개업 − 국민경제

02 다음은 「공인중개사법」의 법적 성격에 관한 설명이다. 틀린 것은?
① 「공인중개사법」은 「민법」의 특별법이다.
② 「공인중개사법」은 부동산중개에 관한 기본법적 성격을 갖는다.
③ 부동산 중개계약은 사법계약에 속한다.
④ 개업공인중개사의 중개행위는 사실행위이다.
⑤ 개업공인중개사가 중개보수를 받지 않고 행한 중개행위는 「공인중개사법」의 규율대상이 아니다.

03 부동산중개업에 대한 규제는 신고주의(1961년) ⇨ 허가주의(1984년) ⇨ 등록주의로 변천해 왔다. ( )

04 조례에는 특·광·도 조례와 시·군·구 조례가 있다. 예컨대 주택의 중개보수 요율은 특·광·도 조례가 적용되고, 등록 및 등록증재교부에는 시·군·구 조례가 적용된다. ( )

05 이 법은 공인중개사의 업무 등에 관한 사항을 정하여 그 전문성을 제고하고, 부동산업을 건전하게 육성하여, 국민경제에 이바지함을 목적으로 한다. ( )

▌**정답 및 해설**

1. ③
2. ⑤ [해설] 일반인이 중개보수를 받지 않고 행한 중개행위는 「공인중개사법」의 규율 대상이 아니다. 그러나 개업공인중개사의 경우에는 비록 중개행위가 무상이라 하더라도 「공인중개사법」의 규율대상이다.
3. (○)   4. (○)   5. (✕) [해설] 부동산업이 틀림.

테마 02 용어의 정의

━━━ **핵심포인트** ━━━

1. 중개 법정 중개대상물에 대하여 **거래당사자 간의** 매매 · 교환 · 임대차 **그 밖에 권리의 득실 · 변경**에 관한 행위를 **알선**하는 것을 말한다.

1. **중개의 3요소**: 중개대상물, 거래당사자(중개의뢰인), 알선자(개업공인중개사)

2. "그 밖에 권리"에는 저당권 등 담보물권도 포함된다.

3. **저당권설정**에 관한 행위의 알선이 금전소비대차의 알선에 부수하여 이루어졌다 하여도 중개업에 해당한다.

4. **중개행위 판단**: 개업공인중개사의 주관적 의사에 의하여 결정하는 것이 아니라 **객관적 행위로 결정**한다.

5. 중개행위란 개업공인중개사가 거래의 쌍방 당사자로부터 중개 의뢰를 받은 경우뿐만 아니라 거래의 **일방 당사자의 의뢰 중개도 포함**된다.

6. 개업공인중개사와 중개의뢰인과의 법률관계는 「민법」상의 위임계약과 유사하다. 따라서, 개업공인중개사는 선량한 관리자의 주의로써 중개업무를 처리하여야 한다.

7. 개업공인중개사는 **민사중개인**에 해당된다. ※ 상사중개인 (×)

8. 순가중개계약이란 중개의뢰인이 거래가격을 미리 제시하고 초과한 차액 전액을 중개보수로 인정하는 형태 ⇨ 다만, 차액이 법정보수를 초과할 경우는 "금지행위"(법 제33조) 위반으로 행정처분 및 행정형벌 대상이다.

2. 중개업 다른 사람의 **의뢰**에 의하여 일정한 **보수를 받고 중개를 업**으로 하는 것을 말한다.

1. 타인의 의뢰에 의하여 일정한 보수를 받고 저당권의 설정에 관한 행위의 알선을 업으로 하는 경우도 중개업에 해당한다.

2. 개업공인중개사의 **무상 중개행위**에도 「공인중개사법」(**예** 확인 · 설명, 손해배상책임, 거래계약서 작성 등)이 적용된다.

3. "업"이란 중개행위의 반복 · 계속성 · 영업성 등의 유무와 그 행위의 목적이나 규모 · 횟수 · 기간 · 태양 등 여러 사정을 종합적으로 고려하여 사회통념에 따라 판단한다.

4. 우연한 기회에, 단 **1회** 건물 전세계약의 중개를 하고 보수를 받은 사실만으로는 중개를 업으로 한 것이라고 볼 수 없다. ⇨ 단, 사무소 "간판"을 설치하고, 단 1회 중개를 한 경우는 "중개업"이다.

5. 단지, 보수를 받을 것을 **약속하거나 보수**를 요구하는 데 그친 경우에는 "중개업"에 해당한다고 할 수 없다.

6. 중개보수로 초과 수수된 당좌수표를 **부도 또는 반환**한 경우에도 중개업에 해당된다.

7. 부동산컨설팅업을 하면서 이에 **부수하여** 중개행위가 반복적으로 이루어졌다면 이는 "중개업"에 해당한다.

■■■■■ 대표문제 및 빈출지문 정리 ■■■■■

01 "중개"란 법 제3조의 중개대상물에 대한 거래당사자 간에 매매교환·임대차 그 밖의 권리의 득실·변경에 관한 행위를 알선하는 것으로 "그 밖의 권리"에는 물권(지상권, 전세권, 지역권), 저당권 등 담보물권을 포함한다.　　　　　　　(　　)

02 다음은 "중개업" 용어의 정의이다. (　　) 안에 들어갈 말로 적절한 것은?

> "중개업"이라 함은 다른 사람의 의뢰에 의하여 일정한 (①)를 받고, (②)를 업으로 행하는 것을 말한다.

03 다음 중 공인중개사법령상 용어의 정의로 틀린 것은?
① 중개라 함은 중개대상물에 대하여 거래당사자 간의 매매·교환·임대차 그 밖의 권리의 득실변경에 관한 행위를 알선하는 것을 말한다.
② 중개업이라 함은 다른 사람의 의뢰에 의하여 일정한 보수를 받고 중개를 업으로 행하는 것을 말한다.
③ 공인중개사라 함은 공인중개사 자격을 취득한 자를 말한다.
④ 소속공인중개사에는 개업공인중개사인 법인의 사원 또는 임원으로서 공인중개사인 자도 포함된다.
⑤ 개업공인중개사라 함은 공인중개사자격을 가지고 중개를 업으로 하는 자를 말한다.

04 다음 중개에 관한 설명 중 옳지 <u>않은</u> 것은? (다툼이 있으면 판례에 의함)

① 중개를 중개대상물에 대한 매매·교환·임대차 기타 권리의 득실·변경에 관한 행위를 알선하는 것으로 정의하는 경우의 "기타 권리"에는 저당권 등 담보물권도 포함된다.

② 타인의 의뢰에 의하여 일정한 보수를 받고 저당권의 설정에 관한 행위의 알선을 업으로 하는 것은 중개업에 해당한다.

③ 타인의 의뢰에 의하여 일정한 보수를 받고 저당권의 설정에 관한 행위의 알선을 업으로 하였다 하더라도 이것이 금전소비대차의 알선에 부수하여 이루어진 경우에는 중개업에 해당하지 아니한다.

④ 중개업은 반복·계속하여 영업으로 알선·중개를 하는 것을 말한다.

⑤ 우연한 기회에 타인 간의 거래행위를 중개한 것에 불과한 경우에는 중개업에 해당하지 아니한다.

05 거래당사자 간 지역권의 설정과 취득을 알선하는 행위는 중개에 해당한다. (   )

정답 및 해설

1. (○) 2. ① (일정보수), ② (중개)
3. ⑤ [해설] 개업공인중개사라 함은 이 법에 의하여 "중개사무소의 개설등록을 한 자"를 말한다.
4. ③ [해설] 타인의 의뢰에 의하여 일정한 보수를 받고 저당권 등 담보물권의 설정에 관한 행위의 알선을 업으로 하는 것도 중개업에 해당하며, 금전소비대차의 알선에 부수하여 이루어졌다고 하여 달리 볼 것은 아니다(판례).
5. (○)

3. 공인중개사 이 법에 의한 공인중개사 **자격을 취득한 자**를 말한다.

1. **외국법**에 따라 취득한 자격증은 이 법상의 공인중개사가 아니다.

2. "공인중개사"는 현재 중개업무에 종사하지 않고, 단순 자격증만 취득한 자이다.

3. 공인중개사는 사무소 개설등록이 가능하나 **소속공인중개사는 등록이 불가**하다.

4. 개업공인중개사 이 법에 의하여 중개사무소의 **개설등록을 한 자**를 말한다.

1. 개업공인중개사의 3종류(종별 : 개인과 법인)

① 개인(자연인)인 개업공인중개사

> ㉠ **부칙 제6조 제2항의 개업공인중개사** : 공인중개사 아닌 자로 등록으로 간주된 자
> ㉡ 공인중개사인 개업공인중개사

② 법인인 개업공인중개사

2. 공인중개사 자격취득 후 사무소 개설등록을 하지 않은 자는 개업공인중개사가 아니다.

3. **개업공인중개사라 힘은 공인중개사자격을 가지고** 중개사무소 개설등록을 한 자를 말한다. (×)

5. 소속공인중개사 개업공인중개사에 소속된 **공인중개사**(개업공인중개사인 법인의 사원 또는 임원으로서 **공인중개사인 자를 포함**한다)로서 **중개업무를 수행**하거나 개업공인중개사의 중개 업무를 보조하는 자이다."

1. 법인인 개업공인중개사의 2종류의 소속공인중개사

> ㉠ **사원·임원**(공인중개사 자격이 있는 사원·임원만)**인** 소속공인중개사
> ㉡ **고용인**(직원)**인** 소속공인중개사가 있다.

2. 소속공인중개사는 **중개업무 수행**이 가능하다.

3. 개업공인중개사에 소속된 **"공인중개사"는 모두 소속공인중개사**"이다.

4. 전원이 실무교육 이수의무가 있다.

6. 중개보조원 **공인중개사가 아닌 자**로서 개업공인중개사에 소속되어 중개대상물에 대한 현장 안내 및 일반서무 등 개업공인중개사의 중개업무와 관련된 **단순한 업무를 보조하는 자**이다.

1. **"공인중개사가 아닌 자"**로 개업공인중개사에 소속된 자이다.
   주의 "공인중개사"로 개업공인중개사에 소속된 자는 "소속공인중개사"이다.

2. 개업공인중개사가 중개보조원을 고용하는 경우에 **5인을 초과**하여 고용할 수 없다.

3. 중개보조원은 중개의뢰인에게 **신분**(직위)**고지 의무**가 있다.

━━━━ **대표문제 및 빈출지문 정리** ━━━━

01 중개보조원이란 공인중개사가 아닌 자로서 중개업을 하는 자를 말한다. ( )

02 법인인 개업공인중개사의 소속공인중개사는 그 법인인 개업공인중개사의 중개업무를 보조할 수 있다. ( )

03 법인인 개업공인중개사가 다른 개업공인중개사를 대상으로 중개업의 경영정보를 제공하고 보수를 받은 경우 이는 중개업에 해당되지 않는다. ( )

04 중개의뢰인이 개업공인중개사에게 소정의 중개보수를 지급하지 않은 경우 개업공인중개사는 고의·과실에 의한 중개사고에 대한 손해에 대하여 책임을 지지 않는다. (　　)

05 다음은 이 법상의 "소속공인중개사"에 대한 용어의 정의이다. (　　) 안에 들어갈 말로 적절한 것은?

> "소속공인중개사"라 함은 개업공인중개사에 소속된 공인중개사[중개법인의 사원 또는 임원으로서 (①)를 포함한다]로서 (②)하거나 개업공인중개사의 중개업무를 보조하는 자를 말한다."

06 공인중개사법령상 용어와 관련된 설명으로 옳은 것은?
① 법정지상권을 양도하는 행위를 알선하는 것은 중개에 해당한다.
② 반복, 계속성 없이 우연히 1회 건물 매매계약의 중개를 하고 보수를 받은 경우, 중개를 업으로 한 것으로 본다.
③ 외국의 법에 따라 공인중개사 자격을 취득한 자도 「공인중개사법」상의 공인중개사에 포함한다.
④ 거래당사자들로부터 보수를 현실적으로 받지 아니하고 보수를 받을 것을 약속하거나 요구한 경우도 "중개업"에 해당한다.
⑤ 부동산컨설팅업을 본업으로 하는 자가 컨설팅업무에 부수하여 보수를 받고 중개행위를 반복적으로 이루어졌다 하다라도 이는 중개업으로 볼 수 없다.

07 개업공인중개사인 법인의 사원으로서 중개업무를 수행하는 공인중개사는 소속공인중개사이다. (　　)

08 소속공인중개사도 개업공인중개사의 현장안내 등 단순업무를 보조할 수 있다. (　　)

▌정답 및 해설

1. (×) [해설] 현장안내 및 일반서무 등 단순한 업무를 보조하는 자로서 중개업을 할 수 없다.
2. (○)　　3. (○)
4. (×) [해설] 중개계약은 「민법」상 위임계약과 유사하므로 중개의뢰인이 중개보수를 지급하지 않은 경우라도 손해에 대하여는 개업공인중개사가 책임을 진다.
5. ① (공인중개사), ② (중개업무를 수행)
6. ① [해설] ② "업"으로 볼 수 없다. ③ 포함되지 않는다. ④ 단지, 보수를 약속하거나 요구하는 데 그친 경우에는 "중개업"에 해당되지 않는다. ⑤ "중개업"에 해당한다.
7. (○)　　8. (○)

테마 03 법정 중개대상물

━━━ **핵심포인트** ━━━

1. 토지는 전, 답, 과수원, 임야, 잡종지 등 **지목을 불문**하고 중개할 수 있다.
   ※ 공동소유인 경우 토지에 대한 **지분도 중개대상물에 해당된다.**

2. 토지에 속한 암석, 토사, 지하수, 온천수 등은 **토지의 구성물로서 독립**해서 중개대상물이 될 수는 없다.

3. 주택이 철거될 경우 일정한 요건하에 택지개발지구 내 이주자 택지를 공급받을 지위에 불과한 **"대토권"**은 중개대상물이 아니다.

4. 건축물은 「민법」상의 건축물과 동일한 의미로 **"지붕과 기둥 그리고 주벽"**으로 이루어진 것을 말한다.

5. 현존 건축물뿐만 아니라 장차 건축될 특정의 건물도 중개대상물에 해당된다.
   ※ **장래의 건축물**(아파트 및 상가 분양권)도 중개대상물이 된다.
   ↳ 「주택법」상의 **"분양예정자로 선정될 수 있는 지위"**는 중개대상물이 아니다.

6. 「도시 및 주거환경정비법」상의 **"입주자로 선정된 지위"**(입주권)와 「빈집 및 소규모주택 정비에 관한 특례법」상의 **"입주자로 선정된 지위"**(입주권)는 중개대상물이다.

7. 토지상의 개개의 수목 또는 집단수목은 토지의 일부로 중개대상물이 아니다.
   ※ **명인방법이라는 관습법상의 공시방법을 갖춘 수목이나 수목의 집단**은 토지와 별개 부동산으로 중개대상물에 해당한다.

8. 수목 또는 수목집단이 입목등기부에 **보존등기를 한 "입목"**은 토지와 **별개로 1개의 부동산**이 되어 중개대상물에 해당된다.
   ↳ **따라서, 토지소유권·지상권을 처분하더라도** 입목은 영향을 받지 않는다.

9. **입목**: 토지의 등기기록 중 **표제부**에 입목등기 기록(수목이 부착한 토지 지번, 입목등기번호)을 표시하여야 한다.

10. 토지의 정착물이 아닌 **"세차장구조물"**, **"여객선 객실"**, **"컨테이너 사무실"** 등은 중개대상물이 아니다.

11. 공업소유권 또는 광업권, 토지 및 건물·지상권·기구·차량 등을 재단목록에 기재하여 "재단등기부"에 **보존등기를 한 공장재단, 광업재단은 1개의 부동산**으로 중개대상물에 해당된다.
    ※ **단, 공장재단 또는 광업재단으로부터 분리된 토지, 설비 등은 중개대상물이 아니다.**

12. 미채굴광물, 광천수, 지하수, 금전채권, 점유, 가압류된 토지, 공용재산인 행정재산, 동산질권, 특허권, 저작권, 권리금(유형 및 무형재산), 포락지, 어업재단, 공유하천 등은 중개대상물이 될 수 없다.

> ※ 토지의 지목이 양어장 또는 광천지, 개인의 공유수면매립 토지, 등기된 환매권, 경락받은 토지, 유치권이 성립되어 있는 건물 등은 중개대상물에 해당된다.

■■■■■■■ 대표문제 및 빈출지문 정리 ■■■■■■■

01 공인중개사법령은 중개대상물로 토지, 건축물, 기타 토지정착물이 있고, 입목, 광업권, 공업소유권이 규정되어 있다. ( )

02 권리금, 세차장구조물, 어업재단, 미채굴광물, 가식수목, 견본주택, 분묘기지권, 대토권, 20톤 이상 선박, 유치권 및 법정지상권 성립 등은 중개대상물이 아니다. ( )

03 유치권, 법정지상권, 법정저당권은 권리의 성립시에는 중개대상물이 될 수 없다. 다만, 권리의 이전시에는 가능하다. ( )

04 입목이 생육하고 있는 토지소유권·지상권 처분의 효력은 입목에 영향이 없다. 그러나 입목에 설정된 저당권의 효력은 벌채된 입목에 미친다. ( )

05 다음 중개대상물에 대한 판례의 입장으로 틀린 설명은?
① 중개대상물로 규정된 "건물"에는 기존의 건축물뿐만 아니라 장래에 건축될 건물도 포함된다.
② 콘크리트 지반 위에 볼트조립방식으로 철제 파이프 또는 철골 기둥을 세우고 지붕을 덮은 다음 삼면에 천막이나 유리를 설치한 세차장구조물은 부동산인 '토지의 정착물', 즉 건물에 해당된다.
③ 아파트에 입주할 권리가 아니라 아파트에 대한 추첨기일에 신청을 하여 당첨이 되면 아파트의 분양예정자로 선정될 수 있는 지위를 가리키는 데 불과한 입주권은 중개대상물로 보기 어렵다.
④ 영업용 건물의 영업시설·비품 등 유형물이나 거래처, 신용, 영업상의 노하우 또는 점포 위치에 따른 영업상의 이점 등 무형의 재산적 가치는 중개대상물이라고 할 수 없다.
⑤ 주택이 철거될 경우 일정한 요건하에서 택지개발지구 내 이주자택지를 공급받을 수 있는 지위인 이른바 '대토권'은 중개대상물에 해당하지 않는다.

06 공인중개사법령상 중개대상에 관한 설명으로 옳은 것은? (다툼이 있으면 판례에 의함)

① 토지에 부착된 수목의 집단으로서 소유권보존등기를 한 것은 중개대상물이 아니다.

② 명인방법을 갖춘 수목은 중개대상물이 될 수 없다.

③ 동산질권은 중개대상이 아니다.

④ 당첨이 되면 아파트의 분양예정자로 선정될 수 있는 지위를 가리키는 입주권도 중개대상물이 된다.

⑤ 20톤 미만의 선박은 중개대상물이 된다.

│ 정답 및 해설

1. (×) [해설] 광업권, 공업소유권은 아니다.
2. (○)   3. (○)   4. (○)   5. ② [해설] 건물에 해당되지 않는다.
6. ③ [해설] ① 입목은 중개대상물이다. ② 명인방법을 갖춘 집단수목은 토지와 별개의 부동산으로서 중개대상물에 해당된다. ④ 분양예정자로 선정될 수 있는 지위를 가리키는 데에 불과한 입주권은 중개대상물이 아니다. ⑤ 자동차, 항공기, 항만, 선박 등은 중개대상물이 아니다.

테마 04 ┃ 공인중개사시험제도

▬▬ 핵심포인트 ▬▬

1. 시험시행기관장 원칙 시·도지사가 시행한다.

↳ 예외 : 국토교통부장관이 시행하려는 경우에는 **심의위원회의 의결**을 미리 거쳐야 한다.

2. 응시자격 원칙 국적, 경력, 학력, 연령 등의 제한이 없으므로 결격사유(예 미성년, 수형자 등)자도 응시할 수 있다.

∷참고 ┃ 다만, **자격이 취소된 자**(3년간), **시험 부정행위자**(5년간)는 응시할 수 없다.

3. 정책심위원회 국토교통부에 정책심의위원회를 둘 수 있다(임의적 기구).

(1) 심의 사항 〈★ 자.중 – 보.배〉

> ① 공인중개사의 시험 등 공인중개사의 **자격취득**에 관한 사항 ⇨ 시·도지사는 이에 따라야 한다(기속 조항).
> ② 부동산 **중개업의 육성**에 관한 사항
> ③ **중개보수 변경**에 관한 사항
> ④ **손해배상책임**의 보장 등에 관한 사항

(2) 의결사항

① 심의위원에 대한 **기피신청**을 받아들일 것인지 여부
② 국토교통부장관이 직접 **자격시험을 시행하려는 경우**
③ 부득이한 사성으로 공인중개사**자격시험을 시행하지 아니할 경우**
④ 기타 심의위원회의 운영 등에 관한 사항을 위원장이 정하는 경우

(3) 제척사유 ➪ ⟨★ 우.동 − 친.자.대⟩

① **배우자나 배우자이었던 사람**이 당사자(법인·단체 등은 임원 포함) 또는 당사자와 **공동권리자 또는 공동의무자**인 경우
② 위원이 당사자와 **친족이거나 친족이었던 경우**(법인·단체 등의 임원을 포함)
③ 위원이 **증언, 진술, 자문, 조사, 연구, 용역 또는 감정**을 한 경우
④ 위원이나 위원이 속한 법인·단체 등의 **대리인이거나 대리인이었던 경우**

※ **기피신청** : 심의**위원회는 의결**로 이를 결정한다.

〔주의〕 **국토교통부장관**은 위원이 회피하지 아니한 경우에는 해촉할 수 있다.

(4) 기타 위원회 구성 등에 관한 사항

① 위원장 1명을 포함하여 **7명 이상 11명** 이내의 위원으로 구성한다.
② 위원장은 국토교통부 **제1차관**이 되고, 위원은 **국토교통부장관**이 임명 또는 위촉한다.
③ 위원의 **임기는 2년**으로 하되, 새로 위촉된 위원의 임기는 전임위원임기의 남은 기간
④ 위원장은 심의위원회를 대표하고, 심의위원회의 업무를 총괄한다.
　　※ **직무대행** : **위원장이 미리 지명한 위원**이 그 직무를 대행한다.
⑤ 회의는 **재적위원 과반수**의 출석으로 개의하고, **출석위원 과반수**의 찬성으로 의결한다.
⑥ 위원장은 회의 **개최 7일 전까지** 회의의 일시, 장소 및 안건을 각 위원에게 통보하여야 한다.

　4. 기타 주요 내용

(1) 시험시행기관장은 시험시행에 관한 개략적인 사항을 매년 2월 말일까지 일반일간신문 등에 공고
　※ 시험시행기관장은 **제1차 공고 후** 시험의 시행에 필요한 사항을 **시험시행일 90일 전까지** 공고

(2) 시험은 매년 1회 이상 시행
　※ 다만, 부득이한 사정 − **위원회의 의결**을 거쳐 시험시행 (×)

(3) 시험의 신뢰도 실추자는 5년간 시험의 출제위원으로 위촉금지

(4) 응시수수료 반환
① **전부** : 과오납한 금액, 시행기관의 귀책사유로 시험에 응시 못한 경우, 응시원서 접수기간 내에 취소
② **100분의 60** : 원서 접수마감일의 다음 날부터 7일 이내에 취소
③ **100분의 50** : 마감 7일을 경과한 날부터 시험시행일 10일 전까지 취소

■■■■■ 대표문제 및 빈출지문 정리 ■■■■■

01 다음은 공인중개사 자격시험 등에 대한 설명이다. 옳은 것은?

① 응시자격은 제1차 시험일이 속한 년도에 19세 이상인 대한민국 국민이어야 한다.

② 자격시험의 응시자가 결격사유에 하나라도 해당되면 자격시험에 응시할 수 없다.

③ 부정행위자는 그 시험을 무효로 하고 처분일로부터 3년간 응시자격이 제한된다.

④ 정책심의위원회에서 시험에 관한 사항을 정하는 경우에는 시·도지사는 이에 따라야 한다.

⑤ 시험은 매년 1회에 한해 시행한다.

02 공인중개사법령상 공인중개사 정책심의위원회에 관한 설명으로 틀린 것은?

① 위원장은 국토교통부 제1차관이 된다.

② 위원회는 위원장 1명을 포함하여 7명 이상 11명 이내의 위원으로 구성한다.

③ 위원회의 재적위원 1/2 이상의 출석으로 개의하고, 출석위원 1/2 이상의 찬성으로 의결한다.

④ 위원이 해당 안건에 대하여 자문, 용역 또는 감정을 한 경우 위원회의 심의·의결에서 제척된다.

⑤ 위원장이 직무를 수행할 수 없을 때에는 위원장이 미리 지명한 위원이 그 직무를 대행한다.

┃정답 및 해설

1. ④ [해설] ①② 결격사유자인 미성년자나 외국인도 응시 가능하다. ③ 5년간이다. ⑤ 매년 "1회 이상 시행한다."로 개정되었다.

2. ③ [해설] 재적위원 과반수의 출석으로 개의하고, 출석위원 과반수의 찬성으로 의결

테마 05 공인중개사 자격증 교부 및 재교부

━━━━ **핵심포인트** ━━━━

1. 공인중개사 자격증

1. **시·도지사**는 합격자의 **결정·공고일부터 1개월 이내**에 공인중개사 자격증을 교부한다.

2. **자격증 재교부**(분실, 훼손 등) : 재교부신청서는 자격증을 **교부한 시·도지사**에게 제출한다.

> • 국토교통부장관이 자격증을 교부하는 경우란 절대로 없다.
> • 자격증 첫 교부시는 조례에 따른 수수료를 납부하지 않는다.
> • 재교부시에는 시·도 조례에 따른 수수료를 납부하여야 한다.

3. 자격증 양도·대여·알선금지
   ① **공인중개사는 다른 사람에게** 자기의 성명을 사용하게 하거나 자기의 자격증을 양도 또는 대여하여서는 아니 된다.
   ② 누구든지 다른 사람의 공인중개사 자격증을 양수·대여 받아 이를 사용하여서는 아니 된다.
   ③ 누구든지 ①② 행위를 **알선**하여서는 아니 된다.

4. 관련 판례
   ① **공인중개사로 행세**하면서 중개업무를 하려는 것을 알면서도 자격증을 빌려주는 것
   ② 중개업무를 하도록 권유·지시, **양해 또는 허락, 이를 알고서 묵인**한 경우도 포함된다.
   ③ **무상으로** 양도·대여한 경우도 포함된다.
   ④ 공인중개사가 직접 업무를 수행하는 **형식을 취하였는지 여부가 아니라 실질적으로 무자격자**가 공인중개사의 명의를 사용하여 업무를 수행하였는지로 판단한다.
   ⑤ 동업자 중에 무자격자는 중개사무소에 **자금을 투자하고, 경영과 이익을 분배**받는 행위는 **양도·대여에 해당하지 않는다.**
   ⑥ **무자격자 업무방해죄 보호 대상** : 공인중개사 아닌 사람의 중개업은 이 법에 의하여 금지된 범죄행위에 해당되므로 **업무방해죄의 보호대상이 아니다.**

5. 제재
   ① 양도·대여자는 자격이 취소된다.
   ② 양도·대여자 및 양수·대여받은 자와 알선한 자는 모두 1년 이하의 징역 또는 1천만원 이하의 벌금형에 해당한다.

2. 공인중개사 또는 유사명칭 사용금지

① 무자격자가 자신의 "명함"에 "부동산 뉴스 대표"라는 명칭을 기재하여 사용하는 경우 해당된다.
② 공인중개사가 아닌 자가 명함에 "발품부동산 대표"라는 명칭을 사용하는 경우 해당된다.
③ **제재** : 1년 이하의 징역 또는 1천만원 이하의 벌금형에 해당된다.

━━━ **대표문제 및 빈출지문 정리** ━━━

01 동업자 중에 무자격자가 중개사무소에 자금을 투자하고, 경영이나 이익을 분배받는 행위는 양도·대여에 해당하지 않으며, 나아가 무자격자의 중개업은 불법에 해당하므로 업무방해죄의 보호대상이 아니다. ( )

02 공인중개사법령상 공인중개사 자격증 등에 관한 설명으로 옳은 것은?
① 공인중개사 자격증은 특정 업무를 위하여 일시적으로 대여할 수 있다.
② 무자격자인 乙이 공인중개사인 甲명의의 중개사무소에서 동업형식으로 중개업무를 한 경우, 乙은 형사처벌의 대상이 된다.
③ 공인중개사 자격증을 대여받은 자가 임대차의 중개를 의뢰한 자와 직접 거래당사자로서 임대차계약을 체결하는 것도 중개행위에 해당한다.
④ 무자격자가 공인중개사의 업무를 수행하였는지 여부는 실질적으로 무자격자가 공인중개사의 명의를 사용하여 업무를 수행하였는지 여부에 상관없이, 외관상 공인중개사가 직접 업무를 수행하는 형식을 취하였는지 여부에 따라 판단해야 한다.
⑤ 무자격자가 자신의 명함에 중개사무소명칭을 '부동산뉴스', 그 직함을 '대표'라고 기재하여 사용하였더라도, 이를 공인중개사와 유사한 명칭을 사용한 것이라고 볼 수 없다.

03 다음 공인중개사 "자격·자격증", 중개사무소 "등록증"에 관한 설명으로 틀린 것은?
① 자격증 대여행위는 유·무상을 불문하고 허용되지 않는다.
② 자격을 취득하지 않은 자가 자신의 명함에 '부동산뉴스(중개사무소의 상호임) 대표'라는 명칭을 기재하여 사용한 것은 공인중개사와 유사한 명칭을 사용한 것에 해당한다.
③ 공인중개사가 자기 명의로 개설등록을 마친 후 무자격자에게 중개사무소의 경영에 관여하게 하고 이익을 분배하였더라도 그 무자격자에게 부동산거래 중개행위를 하도록 한 것이 아니라면 등록증 대여행위에 해당하지 않는다.
④ 개업공인중개사가 등록증을 타인에게 대여한 경우 공인중개사 자격의 취소사유가 된다.
⑤ 자격증이나 등록증을 타인에게 대여한 자는 1년 이하의 징역 또는 1천만원 이하의 벌금이다.

┃정답 및 해설┃

1. (○)
2. ② [해설] ① 자격증은 일체 양도·대여할 수 없다. ② 중개보조원인 乙은 중개업무는 할 수 없다. ③ 중개행위는 제3자적 지위에서 거래당사자를 주선하는 것이므로 이는 중개행위로 볼 수 없다. ④ 직접 업무를 수행한 것처럼 형식을 취하였는지에 구애됨이 없이 실질적으로 업무를 수행하였는지로 판단한다. ⑤ 명함에 '부동산뉴스 대표'라는 명칭을 기재하여 사용한 것은 유사명칭 사용에 해당된다.
3. ④ [해설] 등록증을 양도·대여한 경우에는 절대적 등록취소사유에 해당한다.

테마 06 중개사무소의 개설등록제도

━━━━━ 핵심포인트 ━━━━━

1. 공인중개사(소속공인중개사 제외) **또는 법인이 아닌 자** 중개사무소 개설등록을 신청할 수 없다.

① 공인중개사는 등록신청이 가능하다. ⇨ **단, 소속공인중개사 (×)**

② 「상법」상 회사 또는 "협동조합"은 등록신청이 가능하다. ⇨ **단, 사회적 협동조합 (×)**

③ 외국인 또는 외국법인노 등록신청이 가능하다.

④ **법인 아닌 사단**은 등록 불가하다.

⑤ 개업공인중개사가 휴업기간 중 또는 업무정지 기간 중에 다시 등록을 신청할 수 없다.

⑥ 「변호사법」상 **변호사 자격증**으로 중개사무소 개설등록을 신청할 수 없다.

2. 법인의 등록기준

① 「상법」상 회사 또는 협동조합 ⇨ 자본금 **5천만원** 이상

② 중개업 외에 **6가지 업무만**(㉠~㉻)을 영위할 목적으로 설립할 것

> ㉠ 상업용 건축물 및 주택의 임대관리 등 부동산의 **관리 대행**
> ㉡ 부동산의 이용·개발·거래에 관한 **상담**
> ㉢ 개업공인중개사를 대상으로 한 중개업의 **경영기법 및 경영정보의 제공**
> ㉣ 주택 및 상가의 **분양대행**
> ㉤ 주거이전에 부수되는 도배·이사업체의 소개 등 **용역의 알선**
> ㉥ **경매 공매**대상 부동산에 대한 권리분석 및 알선과 매수신청 또는 입찰신청의 대리

③ 대표자는 공인중개사이고 대표자를(제외한) 임원 또는 사원(합명회사·합자회사의 무한책임 사원)의 **3분의 1 이상**은 공인중개사일 것

④ 사원·임원(전원) 및 분사무소의 책임자가 실무교육을 이수할 것 ⇨ 연수교육, 직무교육 (×)
※ 사원·임원은 자격증 유·무 불문하고 전체가 실무교육 대상이다.

⑤ 건축물대장에 기재된 중개**사무소**를 갖출 것(단, 준공검사, 사용승인 등을 받은 건물로서 건축물대장에 기재되기 전의 건물도 가능하다, 다만, 이 경우는 건축물대장의 기재가 **지연되는 사유서**를 함께 제출 ⇨ 무허가건물과 가설건축물 (×)
※ 임대차 등 **사용권을 확보하면 된다.** 🔴주의 소유권 확보가 아님.

⑥ 임원 또는 사원의 "전원"이 **결격사유**에 해당되지 않을 것

3. 특수법인 다른 법률의 규정에 의하여 중개업을 할 수 있는 법인

※ 개설 등록신청시에 **등록기준**(예 자본금 5천만 이상 등)은 적용되지 않는다.

특수법인	근거법	등록	부수적인 중개업
지역농협협동조합	「농업협동조합법」	불요	**농지만**의 매매·교환·임대차

4. 등록신청

1. **등록관청 : 중개사무소**(법인은 주된 사무소)를 관할하는 **시장·군수·구청장**에 등록신청

2. **등록신청 서류**

> ① 내국인⟨★ **사. 사. 실**⟩ : 여권용 사진, 중개사무소 확보증명, 실무교육수료증사본
> (□ 실무교육기관이 등록관청이 전자적으로 확인할 수 있도록 조치한 경우는 제외한다)
> ② 외국인 추가 : 무결격증명 서류
> ③ 외국법인 추가 : 영업소 등기증명 서류

> □ **등록관청**은 **자격증을 발급한 시·도지사**에게 공인중개사자격 확인을 요청하여야 하고, 법인 등기사항증명서와 건축물대장을 확인하여야 한다.
> ➡ 따라서, **자격증, 인감증명서, 건축물대장, 등기사항증명서 등은 제출 서류가 아니다.**

3. **종별변경**

> 개업공인중개사가 종별을 변경하고자 하는 경우에는 **등록신청서를 다시 제출하여야 한다.** 이 경우 종전에 제출한 서류 중 **변동사항이 없는 서류**는 제출하지 아니할 수 있으며 **종전의 등록증은 이를 반납**하여야 한다.

> ※ **즉, 등록신청서 제출, 변동이 없는 종전서류 제출 여부는 재량, 종전 등록증은 반납함.**

4. **등록처분 및 통지**

   등록관청은 종별에 따라 구분하여 (법인 또는 공인중개사인 개업공인중개사) 개설등록을 하고, 개설등록 신청을 받은 날부터 **7일 이내**에 등록신청인에게 서면으로 통지하여야 한다.

5. **3개월 이내에 업무를 개시하여야 한다.** 다만, 업무개시 불가한 경우는 휴업신고를 하여야 한다.

6. **등록관청이 협회에 통보할 사항**(다음 달 10일) ⟨★ **이. 등. 분. 휴. 행. 고**⟩

> ① 사무소 **이전**신고사항
> ② **등록증** 교부사항 ➡ 등록증 재교부가 아님.
> ③ **분사무소**설치 신고사항
> ④ **휴업**·폐업·재개·휴업기간 변경 신고사항
> ⑤ **행정**처분 사항(등록취소, 업무정지) ➡ **자격취소·정지, 형벌 등은 통보사항이 아님.**
> ⑥ **고용**인의 고용 또는 종료 신고를 받은 때

■■■■■ 대표문제 및 빈출지문 정리 ■■■■■

01 「공인중개사법」상의 중개법인의 등록 기준이다. (   ) 안에 들어갈 말로 적절한 것은?

> 「상법」상 회사 또는 협동조합으로서 자본금이 (   ) 이상이어야 하고, 대표자는 공인중개사이어야 하며, 대표자를 제외한 임원 또는 사원의 (   ) 이상은 공인중개사이어야 한다. 또한 대표자, 임원 또는 사원 (   )이 실무교육을 받았어야 한다.

02 소속공인중개사와 사회적 협동조합은 중개사무소 개설등록을 할 수 없다.　　　( )

03 「상법」상 회사는 개업공인중개사인 법인으로 등록이 가능하지만 비영리법인인 「민법」상의 법인은 등록을 할 수 없다.　　　( )

04 법인의 대표자를 제외한 임원 또는 사원이 7명인 경우에는 그중 최소 3명이 공인중개사이어야 등록이 가능하다.　　　( )

05 다음 중 중개사무소 개설등록이 가능한 경우는?
　① 소속공인중개사　　　　　　② 「변호사법」상 변호사
　③ 법인 아닌 사단　　　　　　④ 사회적 협동조합
　⑤ 공인중개사 또는 「상법」상 법인

06 개업공인중개사의 종별을 달리하여 업무를 하고자 하는 경우에는 종전의 등록증을 첨부하여 등록신청서를 다시 제출하여야 한다.　　　( )

07 특수법인은 등록신청시에 법인의 등록기준은 갖출 필요가 없다. 한편, 특수법인 중 지역농업협동조합은 농지만의 매매 등 중개업을 할 수 있을 뿐, 기타 법 제14조의 겸업(6가지)은 할 수 없다.　　　( )

08 다음 중 법인이 중개사무소를 개설하려는 경우 그 등록기준으로 옳은 것은?

① 건축물대장에 기재된 건물에 30㎡ 이상의 중개사무소를 확보할 것

② 대표자, 임원 또는 사원 전원이 연수교육을 받았을 것

③ 「협동조합 기본법」상 사회적 협동조합인 경우, 자본금을 5천만원 이상 납입할 것

④ 「상법」상 회사가 부동산중개업과 상가 및 주택의 관리대행을 목적으로 등록신청을 한 경우

⑤ 대표자는 공인중개사이어야 하며, 대표자를 포함한 임원 또는 사원의 3분의 1 이상은 공인중개사일 것

09 임원 또는 사원 전원은 등록의 결격사유에 해당하지 않아야 한다. 단, 1인이라도 결격사유에 해당하는 임원 또는 사원이 있으면 등록을 받을 수 없다.   (   )

10 등록관청은 매월 다음 달 10일까지 중개사무소 등록증 재교부사항, 행정처분으로 자격취소 및 자격정지, 과태료처분 능을 공인중개사협회에 통보하여야 한다.

(   )

11 개업공인중개사가 등록 후 3일 이내에 업무를 개시하지 못할 경우에는 미리 휴업신고를 하여야 하며, 이를 위반하면 100만원 이하의 과태료사유에 해당된다.   (   )

12 공인중개사법령상 중개사무소의 개설등록에 관한 설명으로 옳은 것은?

① 개설등록을 하려면 소유권에 의하여 사무소의 사용권을 확보하여야 한다.

② 자본금이 2,000만원 이상인 「협동조합 기본법」상 협동조합은 개설등록을 할 수 있다.

③ 합명회사가 개설등록을 하려면 대표자를 제외한 사원이 7명이라면 그중 2명이 공인중개사이면 된다.

④ 법인 아닌 사단은 개설등록을 할 수 있다.

⑤ 중개업 및 주택의 분양대행업을 영위할 목적으로 설립된 법인은 개설등록을 신청할 수 있다.

┃정답 및 해설

1. (5천만원), (3분의 1), (전원)
2. (○)   3. (○)   4. (○)   5. ⑤   6. (○)   7. (○)
8. ④ [해설] ① 면적제한 없다. ② 실무교육 ③ 사회적 협동조합은 등록 불가 ⑤ 대표자 제외
9. (○)
10. (×) [해설] 전부가 통보 사항이 아니다.
11. (×) [해설] 3개월
12. ⑤ [해설] ① 소유권이 아닌 사용권 확보 ② 자본금 5천만원 이상 ③ 3명 이상 ④ 등록 불가

테마 07 ▸ 등록증 등의 게시의무와 명칭(문자)사용의무

━━━━━ **핵심포인트** ━━━━━

1. 등록증 등의 게시의무

(1) 중개사무소 안의 보기 쉬운 곳에 게시하여야 한다.

> ① 등록증[분사무소는 신고확인서] - **원본**
> ② 개업공인중개사 및 소속공인중개사의 자격증 - **원본**
> ③ 중개보수 및 실비의 요율 및 한도액 표
> ④ 업무보증설정 증명증서
> ⑤ 사업자등록증

※ 법정게시사항이 아닌 것 ⇨ ① 실무교육이수증 ② 협회회원증 ③ 거래정보망회원가입증 등

(2) **위반**: 개업공인중개사가 100만원 이하의 과태료처분을 받는다.

2. 사무소의 명칭에 문자사용의무

① 개업공인중개사는 그 사무소의 명칭에 **"공인중개사사무소" 또는 "부동산중개"**라는 문자를 사용하여야 한다.

② 개업공인중개사가 옥외광고물을 설치하는 경우 중개사무소등록증에 표기된 **개업공인중개사**(법인은 대표자·분사무소는 책임자)**의 성명**을 표기하도록 하였다.

> ㉠ 옥외광고물을 설치할 의무는 없다.
> ㉡ 전화번호 등을 표기할 의무는 없다.

③ **개업공인중개사가 아닌 자**는 "공인중개사사무소", "부동산중개" 또는 이와 유사한 명칭을 사용하여서는 아니 된다.

④ 등록관청은 사무소명칭 표시규정을 위반한 사무소의 간판 등에 대하여 철거를 명하고, 이행하지 아니하는 경우에는 「**행정대집행법**」**에 의하여 대집행**을 할 수 있다.

⑤ 개업공인중개사가 아닌 자가 "공인중개사사무소", "부동산중개" 또는 이와 유사한 명칭을 사용한 경우 1년 이하의 징역 또는 1천만원 이하의 벌금에 처한다.

3. 중개대상물 표시·광고

(1) **전단지 등 표시·광고**: 개업공인중개사가 의뢰받은 중개대상물에 대하여 표시·광고에 다음 사항을 명시하여야 한다. **단, 중개보조원**에 관한 사항은 명시해서는 아니 된다.

〈★ **명.소.연.등.성**〉: 중개사무소의 명칭, 소재지, 연락처 및 등록번호, 개업공인중개사의 성명(법인인 경우에는 대표자의 성명)

(2) **인터넷에 표시·광고**: 인터넷을 이용하여 중개대상물에 대한 표시·광고시에 명시할 사항

> 1.의 "⟨★ 명.소.연.등.성⟩" + 중개대상물의 소재지, 면적, 가격, 종류, 거래 형태와 건축물 및 정착물의 총 층수, 사용승인 등을 받은 날, 방향, 방의 개수, 욕실의 개수, 입주가능일, 주차대수 및 관리비 사항 ⇨ 위반시에는 100만원 이하의 과태료

(3) **부당한 표시·광고금지** ⇨ 위반시 **500만원 이하의 과태료**

① 중개대상물이 존재하지 않아서 거래를 할 수 없는 중개대상물의 표시·광고(허위매물 광고)
② 중개대상물의 가격 등을 거짓으로 표시·광고 또는 과장되게 하는 표시·광고(거짓·과장 광고)
③ 그 밖의 부동산거래질서를 해치거나 중개의뢰인에게 피해를 줄 우려가 있는 표시·광고

(4) **개업공인중개사 아닌 자의 표시·광고금지**: 개업공인중개사가 **아닌 자**는 중개대상물에 대한 표시·광고를 하여서는 아니된다.

4. 표시·광고 모니터링

(1) **국토교통부장관**은 인터넷을 이용한 중개대상물에 대한 표시·광고가 법규정을 준수하는지 모니터링 할 수 있다.

(2) 국토교통부장관은 다음 기관에 모니터링 업무를 위탁할 수 있다.

> 모니터링기관은 ㉠ **기본모니터링 업무**(분기별 실시): 매분기의 마지막 날부터 **30일 이내**, ㉡ **수시모니터링 업무**: 해당 모니터링 업무를 완료한 날부터 **15일 이내에** 국토교통부장관에게 **결과보고서를** 제출해야 한다.

(3) **국토교통부장관**은 결과보고서를 시·도지사 및 등록관청에 통보하고 필요한 조사 및 조치를 요구할 수 있고, 요구 받은 **시·도지사 및 등록관청**은 신속하게 조사 및 조치를 완료하고, **완료한 날부터 10일 이내에** 국토교통부장관에게 통보해야 한다.

━━━━ **대표문제 및 빈출지문 정리** ━━━━

01 다음은 현행법상 중개사무소 안에 게시할 사항이다. 이에 위반시에는 100만원 이하의 과태료사유에 해당된다. ( ) 안에 들어갈 말로 적절한 것은?

> ㉠ 중개사무소등록증의 ( ), 분사무소는 신고확인서의 ( )
> ㉡ 중개보수 및·실비의 요율 및 한도액표
> ㉢ 개업공인중개사 및 ( )의 자격증 원본
> ㉣ 업무보증설정증명서
> ㉤ ( )

02 다음은 명칭에 "법정문자" 사용의무에 관한 내용이다. (   ) 안에 들어갈 말로 적절한 것은?

> 개업공인중개사는 그 사무소의 명칭에 "공인중개사사무소" 또는 "부동산중개"라는
> 문자를 사용하여야 한다. 다만, 부칙 제6조 제2항의 개업공인중개사는 그 사무소의
> 명칭에 (   )라는 문자를 사용하여서는 아니 된다.

03 「공인중개사법」상의 내용으로 **틀린** 것은?
① 옥외광고물을 설치할 의무는 없다.
② 옥외광고물을 설치시에 전화번호를 표기할 의무는 없다.
③ 옥외광고물을 설치하는 경우, 등록증에 표기된 개업공인중개사(법인의 경우에는 대표자,
분사무소의 경우에는 신고확인서에 기재된 책임자를 말함)의 성명을 표기하여야 한다.
④ 개업공인중개사가 아닌 자가 "공인중개사사무소", "부동산중개" 또는 이와 유사한 명
칭을 사용한 경우, 1년 이하의 징역 또는 1천만원 이하의 벌금에 처한다.
⑤ 개업공인중개사가 "대박부동산사무소" 또는 "홍길동부동산"의 문자를 표시한 경우 법
위반으로 볼 수 없다.

04 다음은 개업공인중개사의 명시의무에 관한 내용이다. (   ) 안에 들어갈 말로 적절한 것은?

> 개업공인중개사가 의뢰받은 중개대상물에 대하여 전단지 표시·광고를 하려면 중
> 개사무소명칭, 소재지, 연락처, (㉠), 개업공인중개사의 성명(법인 대표자)을 표시
> 하여야 한다. 다만, (㉡)에 관한 사항은 명시해서는 아니된다.

05 모니터링 기관(한국인터넷광고재단)은 업무를 수행하면 결과보고서를 다음의 구분에 따
른 기한까지 국토교통부장관에게 제출해야 한다.

> ㉠ **기본모니터링 업무**(분기별 실시): 매 분기의 마지막 날부터 (   )일 이내
> ㉡ **수시모니터링 업무**: 해당 모니터링 업무를 완료한 날부터 (   )일 이내

06 공인중개사법령에 관한 설명으로 **틀린** 것은?
① 소속공인중개사를 고용한 경우, 그의 공인중개사 자격증 원본도 당해 중개사무소 안의
보기 쉬운 곳에 게시해야 한다.
② 법인인 개업공인중개사의 분사무소의 경우, 분사무소설치신고확인서(필증) 원본을 당
해 분사무소 안의 보기 쉬운 곳에 게시해야 한다.

③ 개업공인중개사가 아닌 자는 중개대상물에 대한 표시 · 광고를 해서는 안 된다.

④ 개업공인중개사가 중개사무소의 명칭을 명시하지 아니하고 중개대상물의 표시 · 광고를 한 경우에 이를 신고한 자는 포상금 지급 대상에 해당한다.

⑤ 개업공인중개사는 이중으로 중개사무소의 개설등록을 하여 중개업을 할 수 없다.

정답 및 해설

1. ㉠ (원본), ㉡ (원본), ㉢ (소속공인중개사), ㉣ (사업자등록증)
2. (공인중개사사무소)
3. ⑤ [해설] 명칭에 "공인중개사사무소" 또는 "부동산중개"라는 문자를 사용하여야 한다.
4. ㉠ (등록번호), ㉡ (중개보조원)
5. ㉠ (30일), ㉡ (15일)
6. ④ [해설] 과태료사유에 해당될 뿐 이는 포상금 지급사유는 아니다. 다만, 주의할 것은 "개업공인중개사가 아닌 자가 중개대상물에 대한 표시 · 광고를 한 경우를 신고한 경우는 포상금 지급사유에 해당된다.

테마 08 2중등록 및 2중소속금지와 무등록업자

■■■■ 핵심포인트 ■■■■

1. 2중등록금지

개업공인중개사는 등록관청을 달리해서도 종별을 달리해서도 이중등록은 금지된다.

╚ **제재** : 절대적 등록취소와 행정형벌로서 1년 이하의 징역 또는 1천만원 이하의 벌금형이다.

2. 2중소속금지

(1) 개업공인중개사 등은 **다른 개업공인중개사**의 소속공인중개사 · 중개보조원 또는 법인의 사원 · 임원이 될 수 없다.

(2) 부동산중개업이 아닌 다른 업종을 겸하는 것(투잡)은 이중소속 위반이 아니다(예 식당업, 부동산컨설팅회사 근무 등).

(3) **제재**

┌──
│ ㉠ **개업공인중개사** : 절대적 등록취소와 1년 이하의 징역 또는 1천만원 이하의 벌금형
│ ㉡ **소속공인중개사** : 자격정지사유와 1년 이하의 징역 또는 1천만원 이하의 벌금형
│ ㉢ **중개보조원** : 행정형벌인 1년 이하의 징역 또는 1천만원 이하의 벌금형
└──

3. 무등록업자

(1) 효력 및 제재

① 거래계약효력에는 영향이 없다.

② 보수청구권이 인정되지 않는다(즉, 보수지급약정은 강행법규 위반으로 무효이다).

③ **행정형벌**: 3년 이하의 징역 또는 3천만원 이하의 벌금형에 해당된다.

(2) 관련 판례

① 무등록업자에게 중개를 의뢰하거나 미등기 부동산의 전매에 대하여 중개를 의뢰하였더라도 중개의뢰인의 **중개의뢰행위를** 무등록업자와 **공동정범행위로 처벌할 수 없다.**

② 개설등록하지 않은 무자격자가 **"업"이 아닌 우연히 1회 거래를 중개**하면서 한 중개보수 약정은 무효가 아니다.

━━━━━ **대표문제 및 빈출지문 정리** ━━━━━

01 이중등록금지 규정은 개업공인중개사에게만 해당된다. ( )

02 이중소속금지는 개업공인중개사뿐만 아니라 중개사무소의 중개업 종사자 모두에게 금지된다. ( )

03 개업공인중개사가 무자격자로 하여금 그 중개사무소의 경영에 관여하거나 자금을 투자하고 이익을 분배받도록 하는 경우라도 무자격자로 하여금 공인중개사의 업무를 수행하도록 하는 것이 아니라면 등록증의 대여로 볼 수 없다. ( )

04 다음 중 「공인중개사법」상 이중등록과 이중소속에 관한 설명으로 틀린 것은?

① 중개보조원도 2중소속에 위반하면 처벌된다.

② 개업공인중개사가 종별을 달리하든 지역을 달리하든 이중등록은 금지된다.

③ 공인중개사인 개업공인중개사가 부동산컨설팅회사에 동시에 임원으로 근무하는 것은 이중소속에 해당된다.

④ 소속공인중개사가 이중소속을 한 경우에 6개월 이내의 자격정지처분과 1년 이하의 징역 또는 1천만원 이하의 벌금형으로 처벌될 수 있다.

⑤ 개업공인중개사가 이중등록 또는 이중소속에 해당되면 절대적 등록취소와 1년 이하의 징역 또는 1천만원 이하의 벌금형에 해당된다.

05 다음 중 「공인중개사법」상의 무등록중개업에 관한 설명으로 틀린 것은?

① 등록신청 후 등록처분이 있기 전에 중개업을 하면 무등록중개업에 해당된다.

② 등록처분 및 통지 후 등록증교부 전에 중개업을 한 경우는 무등록중개업이 아니다.

③ 공인중개사 자격이 없는 자가 중개사무소 개설등록을 하지 아니한 채 매매계약을 중개하면서 매매당사자와 사이에 체결한 중개보수 지급약정은 무효이다.

④ 무자격자가 "업"이 아닌 우연히 1회 중개하면서 체결한 보수약정은 무효가 아니다.

⑤ 1년 이하의 징역 또는 1천만원 이하의 벌금형으로 처벌된다.

정답 및 해설

1. (○)   2. (○)   3. (○)

4. ③ [해설] 다른 개업공인중개사에 소속된 것이 아닌 경우, 즉 업종이 다른 경우는 2중소속에 해당되지 않는다.

5. ⑤ [해설] 3년 이하의 징역 또는 3천만원 이하의 벌금형에 해당한다.

테마 09 등록의 결격사유 등

===== **핵심포인트** =====

1. 결격 효과

(1) 결격자도 공인중개사 자격시험 응시는 가능하다.

 ※ **자격취소처분을 받은 자는 3년간 자격취득 불가**

(2) **공인중개사**: 결격사유 해당시 등록이 불가하다.

(3) **개업공인중개사가 결격사유에 해당**: 절대적 등록취소사유

2. 결격사유

1. 제한 능력자	① 미성년자 ⇨ 만 19세 이상이 되면 벗어난다. ② 피성년후견인, 피한정후견인 ⇨ 법원의 **후견 종료 심판결정을 받으면 벗어난다.** ⚠주의 미성년자가 성년의제 또는 법정대리인의 동의를 받아도 결격이다.	※ **"피특정후견인"**은 결격자가 아니다.
2. 파산자	**복권결정 받으면 즉시 벗어남.** ⚠주의 신용불량, 개인회생신청 및 인가 ⇨ 결격 (×)	※ **복권신청만** 한 상태 ⇨ 결격이다.

3. 징역형·금고형 선고 이 법 + 「형법」 등 모든 법 위반

① **집행종료**: 만기출소 ⇨ 3년간 결격 　　　　　**가석방** ⇨ **잔형기 + 3년간 결격** ② **집행면제 사유**(법률변경, 특별사면 등): 면제일부터 3년간 결격 ③ **집행유예**: 집행유예 기간 + 2년 ⇨ **결격기간** ◐**주의** 징역, 금고, 벌금형의 선고유예 ⇨ 결격 (×)	※ **일반사면** ⇨ **즉시 벗어남.** ❏ **원칙**: 형기, 연령 등의 　계산은 초일 산입함.

4. 공인중개사법 위반

① **자격취소된 후**: 3년간 결격
② **자격정지된 자**: **자격정지 기간만 결격**
③ **원칙**: **등록취소 – 3년간 결격이다.**

> **예외**: 3년 결격기간이 적용되지 않는 경우
> * **사망 또는 해산으로** ⇨ **등록이 취소된 경우**(3년 ×)

④ **업무정지처분 받고 폐업한 자**: 업무정지 기간만 결격
⑤ **업무정지처분 받은 법인의 사유 발생 당시의 사원·임원이었던 자**: 업무정지 기간만 결격
⑥ **이 법 위반으로 300만원 이상 벌금형 선고**: 3년간 결격

> ※ **다른 법 위반으로 300만원 이상의 벌금형**: 결격 아님.
> ※ **300만원 이상의 과태료**: 결격 아님.

⑦ 중개법인의 사원·임원 중에 1인이라도 결격에 해당하면 법인 자체가 결격이다.
　※ **단, 2개월 이내 결격사유를 해소하면 결격이 아니다.**

━━━━━ **대표문제 및 빈출지문 정리** ━━━━━

01 결격사유자는 중개사무소 신규등록이 불가하고, 개업공인중개사에게 결격사유가 발생한 경우에는 반드시 등록이 취소된다. 　　　　　　　　　　　　　　　　　(　)

02 「민법」상의 미성년자가 혼인을 하였거나 법정대리인의 동의를 얻었다 할지라도 결격사유에 해당되어 중개업에 종사할 수 없다. 　　　　　　　　　　　　　　　(　)

03 금고 이상의 실형의 선고를 받고 복역 중 가석방된 자는 잔여형기를 마친 후 3년이 지나야 결격사유를 벗어나게 된다. 　　　　　　　　　　　　　　　　　　　(　)

04 특별사면이 된 경우에는 특별사면일에 형의 집행이 면제되므로 사면일로부터 3년이 지나야 하며, 일반사면은 받은 즉시 결격사유에서 벗어난다. 　　　　　　　　(　)

05 징역 1년에 집행유예 2년을 선고받은 자는 집행유예 기간인 2년이 결격기간이 된다. 따라서 집행유예 기간이 종료된 그 다음날 결격사유에서 벗어난다. ( )

06 결격사유에 해당하는 고용인을 그 사유 발생일로부터 2개월 이내에 해소하지 않으면 개업공인중개사는 100만원 이하의 과태료처분을 받을 수 있다. ( )

07 공인중개사법령상 개설등록의 결격사유에 해당하지 <u>않는</u> 자는?
① 파산선고를 받고 복권되지 아니한 자
② 형의 선고유예를 받고 3년이 경과되지 아니한 자
③ 만 19세에 달하지 아니한 자
④ 「공인중개사법」을 위반하여 300만원 이상의 벌금형의 선고를 받고 3년이 경과되지 아니한 자
⑤ 금고 이상의 실형의 선고를 받고 그 집행이 종료되거나 집행이 면제된 날부터 3년이 경과되지 아니한 자

08 300만원 이상의 벌금형의 선고는 「공인중개사법」을 위반한 경우에만 결격사유에 해당된다. 따라서 「형법」, 「도로교통법」 등 다른 법률을 위반하여 벌금형을 받은 경우는 벌금액수를 불문하고 결격사유에 해당되지 않는다. ( )

09 다음은 개업공인중개사 등의 결격사유에 대한 설명이다. 옳은 것으로만 짝지어진 것은?

> ㉠ 금고 이상의 형의 선고를 받고 가석방된 자는 가석방된 날로부터 3년이 경과하면 결격사유에 해당하지 않는다.
> ㉡ 금고 이상의 형의 선고를 받고 일반사면을 받은 자는 개업공인중개사 등이 될 수 있다.
> ㉢ 금고 이상의 형의 선고를 받고 형집행 면제를 받은 날로부터 3년이 경과하지 않은 자는 개업공인중개사 등이 될 수 없다.
> ㉣ 「공인중개사법」이 아닌 다른 법률을 위반하여 벌금형을 선고받은 경우에는 결격사유에 해당한다.

① ㉠, ㉡   ② ㉡, ㉢   ③ ㉢, ㉣
④ ㉠, ㉢   ⑤ ㉡, ㉣

10 「도로교통법」 위반으로 벌금형을 선고받은 경우나 양벌규정(법 제50조)에 따른 벌금형 선고도 결격사유에 해당되지 않는다. ( )

1. (○)   2. (○)   3. (○)   4. (○)   5. (×) [해설] 집행유예기간 + 2년
6. (×) [해설] 업무정지 사유이다.
7. ② [해설] 집행유예는 결격사유에 해당하나 선고유예는 결격과 무관하다.
8. (○)
9. ② [해설] ⊙ 잔형기 + 3년이 경과해야 벗어난다. ⓔ 다른 법 위반으로 벌금형을 선고받은 경우는 결격사유가 아니다.
10. (○)

테마 10 중개사무소 설치 및 이전

━━━━━ **핵심포인트** ━━━━━

1. 중개사무소 설치

1. 개업공인중개사는 그 등록관청의 관할구역 안에 중개사무소를 두되, 1개의 중개사무소만을 둘 수 있다. ⇨ 2중사무소 설치금지

2. 개업공인중개사는 천막 그 밖에 이동이 용이한 임시 중개시설물을 설치하여서는 아니 된다.

2. 분사무소 설치 ⇨ 중개법인(특수법인 포함)만이 설치 가능하다. 개인개업공인중개사는 (×)

1. 주된 사무소 소재지가 속한 시·군·구를 제외한 시·군·구별로 설치하여야 한다.
2. 분사무소는 시·군·구별로 1개소를 초과하여 설치할 수 없다.
3. 분사무소에는 공인중개사를 책임자로 두어야 한다. 다만, 특수법인의 경우에는 그러하지 아니하다(재량사항).

1. 분사무소설치신고는 **주된 사무소**의 소재지를 관할하는 등록관청에 한다.

2. 신고서류 : 〈★ 사.실.보〉

① 중개사무소 확보 서류(예 임대차계약서 등)
② 분사무소 책임자의 실무교육 이수증 사본
③ 업무보증의 설정을 증명할 수 있는 서류

3. 주된 사무소 등록관청은 분사무소설치신고확인서 교부 후 분사무소 설치예정지 관할 시·군·구청장에 지체 없이 통보해야 한다.

4. 분사무소 설치시 등록관청은 공인중개사협회에 다음 달 10일까지 통보해야 한다.

3. 공동사무소 설치

1. 업무의 효율적인 수행을 위하여 **다른 개업공인중개사**와 중개사무소를 공동으로 사용 가능하다.

2. 중개사무소의 **개설등록 또는** 중개사무소의 **이전신고**로 설치할 수 있다.

3. 등록 또는 이전신고시에 중개사무소를 사용할 권리가 있는 **다른 개업공인중개사의 승낙서**를 첨부하여야 한다.

4. 공동사무소는 개별주의의 원칙에 따라 각각이 등록 등록증 등 게시, 고용 및 책임도 각각이다.

5. 업무정지기간 중에 있는 개업공인중개사는 다른 개업공인중개사와 중개사무소를 공동으로 사용할 수 없다.

6. 업무정지처분 받은 개업공인중개사와 업무정지처분을 받기 **"전부터"** 중개사무소를 공동사용 중인 다른 개업공인중개사는 중개업무를 계속할 수 있다.

4. 중개사무소의 이전

1. **이전서류 :** 이 ⇨ 〈사. 등〉

2. **관할구역 "내" 이전**

> ① **이전신고** : 등록관청에 **이전 후 10일 이내**에 신고한다.
> ② 이전신고받은 등록관청(분사무소는 주된 사무소)은 등록증과 신고서류를 검토한 후 **변경사항을 기재하여 교부할 수 있다**(선택).

3. **관할구역 "외" 이전**

   ① **이전한 후에 이전 후**의 사무소를 관할하는 등록관청에 **10일 이내**에 신고한다.
   ② 이전신고를 받은 등록관청은 그 내용이 적합한 경우에는 중개사무소 **등록증을 재교부하여야 한다.**
   ③ 송부요청을 받은 종전의 등록관청은 지체 없이 관련 서류를 이전 후 등록관청에 송부한다.

> ㉠ 이전신고를 한 중개사무소의 부동산중개사무소**등록대장**
> ㉡ 부동산중개사무소 개설등록 **신청서류**
> ㉢ 최근 **1년**간의 행정처분 및 행정처분절차가 진행 중인 경우 그 관련 서류
> ◆주의 "등록증"은 송부서류가 아니라 이전신고서류이다.

   ④ 이전신고 후 등록관청은 다음 달 10일까지 협회 통보하여야 한다.

4. **위법행위 처분청** : 중개사무소 신고 전에 발생한 사유로 인한 개업공인중개사에 대한 행정처분은 **이전 후 등록관청이 이를 행한다.**

5. 분사무소의 이전

1. **신고서류:** 사무소 확보증명서류 + 신고확인서

2. 분사무소를 이전 후 **10일 이내 주된 사무소** 관할 등록관청에 신고한다.

3. 등록관청은 분사무소의 이전신고를 받은 때에는 지체 없이 그 분사무소의 **이전 전 및 이전 후의 시장·군수 또는 구청장**에게 이를 통보하여야 한다.

6. 중개사무소 요건(공통)

1. 건축물대장이 있는 건물이어야 한다. ⇨ 무허가 건물과 가설건축물대장은 불가하다.

2. 임대차, 사용대차 등 사용권만 취득하면 가능하다. **주의** 소유권 확보가 아님.

━━━━━ **대표문제 및 빈출지문 정리** ━━━━━

01 1등록 1사무소 원칙상 모든 개업공인중개사는 등록관청 관할 내에 중개사무소를 반드시 1개만 두어야 한다. ( )

02 2중사무소 설치 또는 임시중개시설물을 설치한 경우, 제재는 임의적 등록취소 및 행정형벌로는 1년 이하의 징역 또는 1천만원 이하의 벌금에 처한다. ( )

03 다른 법률의 규정에 따라 중개업을 할 수 있는 법인도 분사무소를 설치할 수 있다. 그러나 개인인 개업공인중개사는 분사무소를 둘 수 없다. ( )

04 **공인중개사법령상 다음 (   ) 안에 들어갈 내용을 순서대로 바르게 연결한 것은?**

> 개업공인중개사가 중개사무소를 이전한 때에는 이전한 날부터 (   ) 이내에, (   ) 으로 정하는 바에 따라 등록관청에 신고해야 한다. 분사무소 이전의 경우 (   )의 소재지를 관할하는 등록관청에 신고해야 한다.

① 10일 − 국토교통부령 − 주된 사무소
② 10일 − 국토교통부령 − 분사무소
③ 10일 − 대통령령 − 주된 사무소
④ 7일 − 국토교통부령 − 주된 사무소
⑤ 7일 − 대통령령 − 분사무소

05 분사무소는 주된 사무소의 소재지가 속한 시·군·구를 포함하여 시·군·구별로 설치하되, 시·군·구별로 1개소를 초과할 수 없다. ( )

06 개업공인중개사가 폐업신고 후 1년 이내에 분사무소의 책임자가 되는 경우에는 실무교육을 받지 않아도 된다. ( )

07 공인중개사법령상 중개사무소의 설치에 관한 설명으로 틀린 것은?

① 법인이 아닌 개업공인중개사는 그 등록관청의 관한구역 안에 1개의 중개사무소만 둘수 있다.

② 다른 법률의 규정에 따라 중개업을 할 수 있는 법인의 분사무소에는 공인중개사를 책임자로 두지 않아도 된다.

③ 개업공인중개사가 중개사무소를 공동으로 사용하려면 중개사무소의 개설등록 또는 이전신고를 할 때 그 중개사무소를 사용할 권리가 있는 다른 개업공인중개사의 승낙서를 첨부해야 한다.

④ 법인인 개업공인중개사가 분사무소를 두려는 경우 소유·전세·임대차 또는 사용대차 등의 방법으로 사용권 등을 확보해야 한다.

⑤ 법인인 개업공인중개사가 그 등록관청의 관한구역 외의 지역에 둘 수 있는 분사무소는 시·도별로 1개소를 초과할 수 없다.

08 ( ) 안에 들어갈 말로 적절한 것은?

> ㉠ 개업공인중개사가 중개사무소를 등록관청의 관할 지역외의 지역으로 이전 한 경우에, 신고 전에 발생한 사유로 인한 개업공인중개사에 대한 행정처분은 이전 ( ) 등록관청이 이를 행한다.
>
> ㉡ 등록관청은 분사무소의 이전신고를 받은 때에는 지체 없이 그 분사무소의 이전 전 ( ) 이전 후의 소재지를 관할하는 시장·군수 또는 구청장에게 이를 통보하여야 한다.

09 다음은 지체 없이 사무소의 간판을 철거하여야 하는 사유이다. ( ) 안에 들어갈 말로 적절한 것은?

> ㉠ 등록관청에 중개사무소의 ( )사실을 신고한 경우
> ㉡ 중개사무소의 개설등록 취소처분을 받은 경우
> ㉢ 등록관청에 ( ) 사실을 신고한 경우

10 다음 중 중개사무소의 설치 및 이전에 관한 설명으로 옳은 것은?

① 법인이 아닌 개업공인중개사도 분사무소를 둘 수 있다.

② 법인인 개업공인중개사는 그 분사무소를 설치하고자 하는 지역을 관할하는 시장·군수·구청장에게 분사무소 설치의 신고를 하여야 한다.

③ 개업공인중개사는 그 업무의 효율적인 수행을 위하여 필요한 경우 다른 개업공인중개사와 사무소를 공동으로 사용할 수 있다.

④ 법인인 개업공인중개사가 설치한 분사무소에는 소속공인중개사를 책임자로 두어야 한다.

⑤ 개업공인중개사가 중개사무소를 관할 외로 이전한 때에는 이전한 날로부터 10일 이내에 이전 전의 중개사무소를 관할하는 등록관청에 그 이전사실을 신고하여야 한다.

11 공인중개사법령상 중개사무소의 이전신고에 관한 설명으로 틀린 것은?

① 중개사무소를 이전한 때에는 이전한 날부터 10일 이내에 이전신고를 해야 한다.

② 분사무소를 이전한 때에는 주된 사무소의 소재지를 관할하는 등록관청에 이전신고를 해야 한다.

③ 중개사무소를 관할 외로 이전신고를 한 경우, 등록관청은 중개사무소등록증의 변경사항을 기재하여 교부하거나 중개사무소등록증을 재교부하여야 한다.

④ 분사무소의 이전신고를 받은 등록관청은 지체 없이 이를 이전 전 및 이전 후의 소재지를 관할하는 시장·군수 또는 구청장에게 통보해야 한다.

⑤ 중개사무소를 등록관청의 관할지역 외의 지역으로 이전한 경우, 그 이전신고 전에 발생한 사유로 인한 개업공인중개사에 대한 행정처분은 이전 후 등록관청이 행한다.

｜정답 및 해설｜

1. (○)   2. (○)   3. (○)
4. ① [해설] 중개사무소를 이전한 때에는 이전한 날부터 10일 이내에 국토교통부령으로 정하는 바에 따라 등록관청에 이전사실을 신고하여야 한다.
5. (×) [해설] 시·군·구를 제외한
6. (○)
7. ⑤ [해설] 시·군·구별로 1개소를 초과할 수 없다.
8. [해설] ㉠ (후), ㉡ (및)
9. [해설] ㉠ (이전), ㉢ (폐업)
10. ③ [해설] ① 없다 ② 주된 사무소 등록관청 ④ 공인중개사 ⑤ 이전 후 등록관청
11. ③ [해설] 등록증에 변경사항을 기재하여 교부할 수 없다.

테마 11 　개업공인중개사의 업무범위(겸업)

━━━ **핵심포인트** ━━━

1. 법인(특수법인 포함) 및 분사무소와 공인중개사인 개업공인중개사 전국

※ **단, 부칙 제6조 제2항의 자는** 중개사무소를 기준으로 특·광·도의 팔할 내

2. 겸업범위

1. **개인인 개업공인중개사의 겸업의 범위**: 개인인 개업공인중개사는 법률에서 제한이 없는 한 **어떤 겸업이든 가능하다.** 따라서, 중개법인이 할 수 있는 겸업(**6가지**)을 할 수 있다.
   ※ **단, 부칙 제6조 제2항의 자는 경·공매의 권리분석 및 취득의 알선, 대리는 불가함.**

2. **중개법인의 중개업 외 겸업범위** ⇨ 〈★ **관.상.경 – 분양.알선**〉!

> (1) 상업용 건축물 및 주택의 임대관리 등 부동산의 **관리대행**
>   ※ **농업용 및 공업용의 건축물** 등은 부동산관리대행은 할 수 없다.
> (2) 부동산의 이용 및 개발, 거래에 관한 **상담**
> (3) 개업공인중개사를 대상으로 한 중개업의 **경영**기법 및 경영정보의 제공
> (4) 상업용 건축물 및 주택의 분양대행
>   ※ **토지 분양대행은 할 수 없다.**
> (5) 기타 중개업에 부수되는 업무로서 주거이전에 부수(도배, 이사)한 용역 알선
>   ※ **도배업이나 이사업을 직접 운영할 수는 없다.**
> (6) 개업공인중개사가 "경매"대상 부동산의 매수신청 또는 입찰신청의 "**대리**"를 하고자 하는 때에는 "**법원에 등록**"을 하고 그 감독을 받아야 한다.
>   ※ **다만, 단순한 권리분석 및 취득알선은 등록할 필요가 없다.**

※ 개업공인중개사는 "**공매**"대상 부동산에 대한 권리분석, 취득의 알선과 매수신청 또는 입찰 신청의 대리는 법원에 **등록할 필요 없이 할 수 있다.**

※ 특수법인은 겸업(6가지)을 할 수 없다(**예** 지역농협은 농지만 가능).

3. **제재 및 보수**
   ① 법인인 개업공인중개사는 위의 6가지 외의 겸업은 할 수 없다. ⇨ **위반**: 임·취
   ② 겸업은 중개보수 규정을 적용하지 않는다. ⇨ 해당 법규 또는 합의로 결정

3. 기타 기출지문 정리

> 중개법인은 부동산 금융업, 부동산 펀드, 부동산임대업, 부동산매매업, 부동산개발업, 거래정보 망사업, 일반인대상 프랜차이즈업, 용역업, 직업소개업 등은 할 수 없다.

■■■■■■ 대표문제 및 빈출지문 정리 ■■■■■■

01 법인이 아닌 개업공인중개사는 부동산의 개발에 관한 상담을 하고 의뢰인으로부터 합의된 보수를 받을 수 있다. ( )

02 모든 개업공인중개사는 개업공인중개사를 대상으로 한 중개업의 경영기법의 제공업무를 겸업할 수 있다. ( )

03 법인인 개업공인중개사는 「국세징수법」상 공매대상 동산에 대한 입찰신청의 대리를 할 수 있다. ( )

04 법인인 개업공인중개사는 농업용, 공업용 창고 등은 부동산관리대행은 할 수 없다. ( )

05 경매의 경우에 단순한 권리분석 및 취득알선은 등록할 필요가 없다. ( )

06 법인인 개업공인중개사는 부동산의 임대업, 주거이전에 부수되는 용역의 제공, 주택용지의 분양대행, 금융의 알선, 공제업무의 대행 등은 불가하다. ( )

07 법인 및 공인중개사인 개업공인중개사의 업무지역은 전국으로 한다. 다만, 특수법인은 공인중개사법령상 상세한 규정이 없으므로 전국을 업무지역으로 할 수 없다. ( )

08 공인중개사법령상 법인인 개업공인중개사가 겸업할 수 있는 것은?
① 농업용 건축물에 대한 관리대행
② 주택용지에 대한 분양대행
③ 개업공인중개사가 아닌 공인중개사를 대상으로 한 중개업 경영기법의 제공행위
④ 부동산 개발에 관한 상담
⑤ 부동산의 임대업 및 금융의 알선

09 공인중개사법령상 개업공인중개사의 겸업에 관한 설명으로 옳은 것은?
① 모든 개업공인중개사는 개업공인중개사를 대상으로 한 중개업의 경영기법의 제공업무를 겸업할 수 있다.
② 법인이 아닌 모든 개업공인중개사는 법인인 개업공인중개사에게 허용된 겸업업무를 모두 영위할 수 있다.

③ 법인인 개업공인중개사는 부동산의 이용·개발 및 거래에 관한 상담업무를 겸업해야 한다.

④ 법인인 개업공인중개사는 중개의뢰인의 의뢰에 따른 도배·이사업을 겸업할 수 있다.

⑤ 법인인 개업공인중개사가 겸업제한을 위반할 경우에 절대적 등록취소사유에 해당된다.

정답 및 해설

1. (○)　　　2. (○)　　　3. (×) [해설] 동산에 대한 입찰 대리 불가
4. (○)　　　5. (○)　　　6. (○)　　　7. (×) [해설] 특수법인도 전국
8. ④ [해설] 나머지는 모두 불가
9. ① [해설] ② 부칙 제6조 제2항의 자는 경·공매 불가 ③ 겸업은 재량이다. ④ 용역의 알선을 할 수 있다. ⑤ 임의적 등록취소

테마 12　개업공인중개사와 고용인

■■■■■ 핵심포인트 ■■■■■

1. 신고 관련 내용

1. **개업공인중개사가 고용인을 고용한 경우 : 업무개시 전까지**
   고용관계 종료한 때 : 종료일부터 10일 이내 신고 ⇨ **위반 : 업무정지**

2. 소속공인중개사는 실무교육 또는 중개보조원은 직무교육을 **받도록 한 후** 업무개시 전까지 등록관청에 신고(전자문서 포함)함.

3. **외국인을 고용 : 무결격증명서류 제출**

4. **등록관청**은 소속공인중개사의 자격확인을 요청하고, 결격사유와 교육수료 여부 확인

5. **중개보조원 고용인원 제한 : 개업공인중개사와 소속공인중개사를 합한 수의 5배를** 초과금지

6. **중개보조원은 신분**(직위) **고지의무가 있다.** ⇨ **제재 : 500만원 이하의 과태료**

2. 고용인 등의 불법에 대한 개업공인중개사 책임

소속공인중개사 또는 중개보조원의 **업무상 행위**는 고용한 개업공인중개사의 행위로 **본다.**

1. 고용인의 불법행위에 대하여 개업공인중개사는 **민사·형사·행정**책임을 질수 있다.

2. 고용인의 **업무상 행위만** 개업공인중개사 행위로 간주한다. ※ **모든 행위** (×)

3. 업무상 행위 판단 기준 : **객관적·외형상으로 판단한다.** ※ **주관적 의사** (×)

4. 개업공인중개사가 대위배상을 한 경우에는 고용인 등에 **구상권을 행사할 수 있다.**

5. **양벌규정**에 따라 개업공인중개사는 **벌금형을 받을 수 있으나 징역형은 받지 않는다.**

   ⇨ **다만, 개업공인중개사가 상당한 주의와 감독을 다한 경우는 벌금형 받지 않는다.**

6. **양벌규정**에 따라 300만원 이상의 벌금형을 선고받아도 결격이 아니며, **등록취소도 안 된다.**

──────── 대표문제 및 빈출지문 정리 ────────

01 소속공인중개사 또는 중개보조원의 업무상 행위는 그를 고용한 개업공인중개사의 행위로 추정한다. ( )

02 외국인을 소속공인중개사로 고용신고하는 경우에는 그의 공인중개사 자격을 증명하는 서류를 첨부해야 한다. ( )

03 중개보조원의 업무상 과실로 인한 불법행위로 의뢰인에게 손해를 입힌 경우, 개업공인중개사가 손해배상책임을 지고 중개보조원은 그 책임을 지지 않는다. ( )

04 소속공인중개사가 금지행위에 위반하여 징역형의 선고를 받았다면 개업공인중개사도 양벌규정에 따라 징역형을 받는다. ( )

05 개업공인중개사 또는 고용인의 불법행위로 피해가 발생한 경우에 피해자에게도 과실이 있다면 손해배상금을 산정함에는 과실상계한다. ( )

06 공인중개사법령상 개업공인중개사의 고용인에 관한 설명으로 옳은 것은?
① 중개보조원을 고용한 경우 고용일부터 10일 이내에 등록관청에 신고해야 한다.
② 중개보조원의 모든 행위는 그를 고용한 개업공인중개사의 행위로 본다.
③ 소속공인중개사에 대한 고용신고는 전자문서로 할 수 없다.
④ 고용신고를 받은 등록관청은 공인중개사 자격증을 발급한 시·도지사에게 그 소속공인중개사의 공인중개사 자격확인을 요청하여야 한다.
⑤ 소속공인중개사는 고용신고일 전 1년 이내에 연수교육을 받아야 한다.

07 개업공인중개사 甲과 그가 고용한 중개보조원 乙에 관한 설명으로 틀린 것은?
① 乙이 고의 또는 과실로 중개의뢰인에게 손해를 끼친 경우에 甲은 손해배상책임을 진다.
② 乙이 업무상 행위로 중개의뢰인에게 손해를 끼친 경우에 甲이 무과실이면 손해배상책임은 당사자인 乙에게 한정된다.

③ 乙로 인하여 손해를 입은 중개의뢰인은 甲과 乙에 대하여 연대 또는 선택적으로 손해 배상을 청구할 수 있다.

④ 乙의 과실로 甲이 의뢰인에게 손해배상을 한 경우에는 甲은 乙에게 구상권을 행사할 수 있다.

⑤ 乙의 업무상 위법행위로 양벌규정에 따라 개업공인중개사가 350만원의 벌금형을 선고 받은 경우에도 중개사무소 개설등록은 취소되지 않는다.

▌정답 및 해설

1. (×) [해설] ～ 본다.
2. (×) [해설] 무결격증명서류를 첨부한다.
3. (×) [해설] 함께 연대책임을 진다.
4. (×) [해설] 개업공인중개사는 벌금형은 받을 수 있어도 절대로 징역형 불가
5. (○)
6. ④ [해설] ① 업무개시 전까지 신고 ② 업무상 행위 ③ 방문 또는 전자문서로 신고 가능 ⑤ 실무교육
7. ② [해설] 甲은 무과실책임을 진다. 따라서 甲과 乙이 연대책임을 지게 된다.

테마 13 인장등록제도

━━━━ **핵심포인트** ━━━━

1. 인장등록 의무자 개업공인중개사와 소속공인중개사이다. ⇨ 법인의 공인중개사 아닌 사원·임원과 중개보조원은 의무 없다.

2. 인장등록 시기 개업공인중개사는 등록신청시부터 업무개시 전까지, 소속공인중개사는 고용신고시부터 업무 개시 전까지 등록(전자문서 등록포함)하여야 한다.

3. 등록할 인장

구분		등록할 인장	등록 장소
중개 법인	주사무소	「상업등기규칙」에 의해 신고한 **법인의 인장** 🗌 법인의 인감도장이다. 〔주의〕 대표자 (×)	등록관청
	분사무소	법인의 대표자가 보증하는 인장을 **등록할 수 있다**(선택).	**주사무소 등록관청**
개인 개업공인중개사 소·공		가족관계등록부 또는 주민등록표상의 **성명인** 인장으로 가로·세로 각각 **7mm 이상 ～ 30mm 이내인 인장**	등록관청

4. 등록 방법

① 법인인 개업공인중개사는 **인감증명서 제출**로 갈음한다.
② 개인인 개업공인중개사 및 소속공인중개사는 **인장등록신고서**에 날인히어 제출한다.
⇨ 등록증 원본을 첨부한다.
ㅁ 다른 방법으로는 **중개사무소등록신청시 또는 고용신고서 날인하여** 제출로 가능

5. 변경 등록 **변경일부터 7일 이내**에 그 변경된 인장을 등록(전자문서 등록 포함)하여야 한다.
⇨ **등록증 원본을 첨부하여** "인장변경신고서"로 한다.

6. 미등록한 인장을 날인하였다면 업무정지사유이다. 단, 당사자 간의 **거래계약의 효력에는 영향이 없다**.

━━━━━ 대표문제 및 빈출지문 정리 ━━━━━

01 등록한 인장을 변경한 경우에는 개업공인중개사 및 소속공인중개사는 변경일부터 7일 이내에 그 변경된 인장을 등록관청에 등록(전자문서에 의한 등록을 포함)하여야 한다.
( )

02 법인인 개업공인중개사의 경우에는 「상업등기규칙」에 따라 법인 대표자의 인장을 등록하여야 한다.
( )

03 분사무소는 「상업등기규칙」에 따른 법인의 대표자가 보증하는 인장을 등록하여야 한다.
( )

04 법인의 소속공인중개사가 등록하지 아니한 인장을 사용한 경우, 6개월의 범위 안에서 자격정지처분을 받을 수 있다.
( )

05 개업공인중개사가 미등록 인장을 사용한 거래계약은 무효이다.
( )

06 공인중개사법령상 인장의 등록 등에 관한 설명으로 틀린 것은?

① 소속공인중개사는 업무개시 전에 중개행위에 사용할 인장을 등록관청에 등록해야 한다.

② 개업공인중개사가 등록한 인장을 변경한 경우 변경일부터 7일 이내에 그 변경된 인장을 등록관청에 등록해야 한다.

③ 법인인 개업공인중개사의 인장 등록은 「상업등기규칙」에 따른 인감증명서의 제출로 갈음한다.

④ 분사무소에서 사용할 인장의 경우에는 「상업등기규칙」에 따라 법인의 대표자가 보증하는 인장을 등록할 수 있다.

⑤ 분사무소에서 사용하는 인장은 분사무소 소재지 등록관청에 등록해야 한다.

정답 및 해설

1. (○)
2. (×) [해설] 법인의 인장
3. (×) [해설] 등록할 수 있다(선택할 수 있다).
4. (○)
5. (×) [해설] 유효
6. ⑤ [해설] 주된 사무소 관할 등록관청에 등록한다.

테마 14　휴업 및 폐업

━━━ **핵심포인트** ━━━

1. 3개월 초과 휴업·폐업은 반드시 등록증을 첨부하여 사전에 신고한다. 방문신고만 허용되며, 전자문서에 의한 신고는 불가하다. ◆주의 3개월 이하의 휴업 신고 (×)

2. 중개업 재개·휴업기간 변경신고의 경우에는 등록증을 첨부하지 않는다. 따라서 방문 및 전자신고 모두 가능하다.

3. 법인인 개업공인중개사의 분사무소도 별도로 휴업·재개업 등을 할 수 있다.

> ① **방문신고**(신고확인서를 첨부) : 3개월 초과 휴업·폐업신고 경우
> ② **방문·전자신고** : 중개업 재개와 휴업 기간을 변경하려는 경우
> ◆주의 주된 사무소에 신고하여야 한다.

4. 중개사무소 재개신고를 받은 등록관청은 반납받은 중개사무소 등록증 또는 신고확인서를 즉시 반환해야 한다.

5. 휴업은 6개월을 초과할 수 없다. 다만, 질병으로 인한 요양 등 부득이한 사유가 있는 경우는 가능

> 1. 질병으로 인한 요양
> 2. 징집으로 인한 입영
> 3. 취학
> 4. 임신 또는 출산
> 5. 그 밖에 이에 준하는 부득이한 사유로서 국토교통부장관이 정하여 고시하는 사유

6. 휴업기간에도 개업공인중개사는 이중소속을 하여서는 아니 된다.

7. 등록관청에 폐업사실을 신고한 경우에는 지체 없이 사무소의 간판을 철거하여야 한다. 다만, 휴업은 철거 의무 (×)

8. **제재**

   ① 3개월 초과 휴업, 폐업, 중개업 재개 또는 변경신고를 위반한 자는 100만원 이하의 과태료
   ② **6개월을 초과하여 휴업**한 경우 등록관청은 중개사무소의 개설등록을 취소할 수 있다.

━━━━━ **대표문제 및 빈출지문 정리** ━━━━━

01 중개사무소의 등록 후 업무를 개시하지 아니하는 경우도 휴업으로 간주된다. (   )

02 공인중개사법령상 휴업과 폐업에 관한 설명으로 틀린 것은?
   ① 30일간의 휴업을 하는 경우 신고할 의무가 없다.
   ② 취학을 이유로 하는 휴업은 6개월을 초과할 수 있다.
   ③ 휴업기간 변경신고는 전자문서에 의한 방법으로 할 수 있다.
   ④ 개업공인중개사는 휴업, 폐업, 휴업한 중개업을 재개, 휴업기간을 변경한 후에는 지체 없이 등록관청에 신고하여야 한다.
   ⑤ 중개사무소재개신고를 받은 등록관청은 반납을 받은 등록증을 즉시 반환해야 한다.

03 중개업재개·휴업기간 변경신고의 경우에는 등록증·신고확인서를 첨부하지 않는다.
   ※ 즉, 전자신고나 방문신고 모두 가능하다. (   )

04 3개월을 초과하는 휴업, 폐업, 휴업한 중개업의 재개, 휴업기간의 변경은 모두 "사후신고" 사항이다. (   )

05 개업공인중개사의 휴업에 관한 설명으로 **틀린** 것을 모두 고른 것은?

> ㉠ 중개사무소 개설등록 후 업무를 개시하지 않고 3개월을 초과하는 경우에는 신고 해야 한다.
> ㉡ 법령에 정한 사유를 제외하고 휴업은 6개월을 초과할 수 없다.
> ㉢ 분사무소는 주된 사무소와 별도로 휴업할 수 없다.
> ㉣ 휴업신고는 원칙적으로 휴업개시 후 휴업종료 전에 해야 한다.
> ㉤ 휴업기간 변경신고서에는 중개사무소등록증을 첨부해야 한다.

① ㉠, ㉡   ② ㉢, ㉤   ③ ㉠, ㉡, ㉣
④ ㉡, ㉢, ㉤   ⑤ ㉢, ㉣, ㉤

정답 및 해설

1. (○)
2. ④ [해설] 휴업, 폐업 또는 중개업을 재개, 휴업기간을 변경시는 사전에 신고한다.
3. (○)
4. (×) [해설] 각각이 사전신고 의무사항이다.
5. ⑤ [해설] ㉢ 분사무소는 주사무소와 별개로 휴업할 수 있다. ㉣ 휴업, 폐업, 재개, 변경신고는 사전에 해야 한다. ㉤ 재개, 변경신고는 첨부하지 않는다.

테마 15 ＼ 중개계약 및 거래정보사업자

=== **핵심포인트** ===

1. 일반중개계약

> 중개의뢰인은 중개의뢰내용을 명확하게 하기 위하여 필요한 경우에는 개업공인중개사에게 "일반중개계약서"의 **작성을 요청할 수 있다.**

1. 우리 국민이 **가장 많이 이용**하는 계약 형태이다.

2. 일반중개계약의 "법정표준서식"은 현재 제정되어 있다(별지 제14호 서식).
   ⇨ 다만, 개업공인중개사는 **"법정표준서식"을 사용할 의무는 없다**(재량사항).

3. 2부를 작성하여, 중개의뢰인 일방에 교부하고, 개업공인중개사는 보관 의무를 진다.
   ⇨ 다만, **보관기간에 대한 명확한 규정이 없다.**

4. 개업공인중개사는 일반중개계약서 작성을 수락할 의무는 없다(재량).

5. 개업공인중개사가 일반중개계약을 체결한 경우, 반드시 거래정보망에 중개대상물정보를 공개할 의무는 없다. ⇨ **다만, 거래정보망에 공개하여 거래계약체결이 체결된 경우는 반드시 거래정보사업자에 통보하여야 한다.**

6. 중개의뢰인의 요청시 기재사항 〈★ 물. 가. 수. 준〉

> ㉠ 중개대상물의 위치 및 규모
> ㉡ 기래예정가격
> ㉢ 거래예정가격에 대하여 중개보수
> ㉣ 개업공인중개사와 중개의뢰인이 준수하여야 할 사항

7. 계약의 유효기간은 당사자 간의 약정이 우선이고, 약정이 없으면 **3개월을 원칙**으로 한다.

8. 개업공인중개사는 반드시 서명 또는 날인하여야 한다. ⇨ 다만, **소속공인중개사**는 서명 또는 날인할 의무가 없다.

═══════ **대표문제 및 빈출지문 정리** ═══════

01 일반중개계약서는 사용할 의무가 없으며 또한 보관기간 규정이 없다. 이와 달리 전속중개계약서는 반드시 사용하여야 하며, 3개월간 보관하여야 한다. ( )

02 중개의뢰인은 동일한 내용의 일반중개계약을 다수의 개업공인중개사와 체결할 수 있다. ( )

03 일반중개계약서의 보존기간에 관한 규정은 없다. ( )

04 일반중개계약서는 국토교통부장관이 정한 법정표준서식을 사용해야 한다. ( )

05 개업공인중개사가 일반중개계약을 체결한 때에는 부동산거래정보망에 중개대상물에 관한 정보를 공개해야 한다. ( )

06 일반중개계약서와 전속중개계약서의 서식상의 개업공인중개사의 손해배상책임에 관한 기술 내용은 동일하다. ( )

07 일반중개계약서 서식에는 중개의뢰인의 권리·의무사항이 기술되어 있다. ( )

08 개업공인중개사가 중개대상물의 확인·설명의무를 이행하는 데 의뢰인은 협조 의무가 있다. ( )

09 이 계약에 정하지 아니한 사항에 대해서는 합의하여 별도로 정할 수 있다. ( )

10 다음은 법정서식상의 권리이전용(매도, 임대)의 기재사항에 해당된다. ( )

┌───┐
│ ㉠ 희망물건의 종류   ㉡ 취득희망금액   │
│ ㉢ 희망지역   ㉣ 그 밖의 희망조건   │
└───┘

11 개업공인중개사의 성명, 상호, 생년월일, 주소(체류지), 등록번호, 전화번호 등을 기재하여야 한다. ( )

12 공인중개사법령상 일반중개계약에 관한 설명으로 옳은 것은?
① 일반중개계약서는 국토교통부장관이 정한 표준이 되는 서식을 사용해야 한다.
② 중개의뢰인은 동일한 내용의 일반중개계약을 다수의 개업공인중개사와 체결할 수 있다.
③ 일반중개계약의 체결은 서면으로 해야 한다.
④ 중개의뢰인은 일반중개계약서에 개업공인중개사가 준수해야 할 사항의 기재를 요청할 수 없다.
⑤ 개업공인중개사가 일반중개계약을 체결한 때에는 부동산거래정보망에 중개대상물에 관한 정보를 공개해야 한다.

│ 정답 및 해설 │

1. (○)   2. (○)   3. (○)
4. (×) [해설] 재량이다.
5. (×) [해설] 정보공개는 재량이다.
6. (○)   7. (○)   8. (○)   9. (○)
10. (×) [해설] 권리취득용(매수, 임차)의 기재사항이다.
11. (○)   12. ② [해설] ① 재량 ③ 서면 또는 구두 ④ 있다 ⑤ 재량

테마 16 전속중개계약

━━━ **핵심포인트** ━━━

1. 중개의뢰인은 **특정한 개업공인중개사**를 정하여 그 개업공인중개사에 한하여 당해 중개대상물을 중개하도록 하는 전속중개계약을 **체결할 수 있다**(임의 규정).

2. **개업공인중개사의 의무**

> ① 법정서식 사용의무와 중개계약서 **보관의무(3년)**를 명문화하였다.
> ② 중개대상물에 관해 **7일 이내** 정보공개의무(일간신문 또는 부동산거래정보망)
> ➡ **다만, 중개의뢰인이 비공개를 요청한 경우에는 이를 공개하여서는 아니 된다.**
> ③ 정보공개 후 지체 없이 의뢰인에 서면 통지의무
> ④ 중개대상물에 관한 확인·설명의무를 성실·정확하게 이행하여야 한다.
> ⑤ 중개대상물에 관한 확인·설명의무 소홀로 인한 재산상 손해배상과 중개보수 과다징수시 차액환급의무
> ⑥ **2주일에 1회 이상** 업무처리상황을 서면 통지할 의무

> ⑦ **정보공개할 사항!** 〈★ **물.벽.수.도 − 공.공 − 소.금**〉

> 1. 중개대상**물**의 종류, 소재지, 지목 및 면적, 건축물의 용도·구조 및 건축 연도 등 중개대상물을 특정하기 위하여 필요한 사항
> 2. **벽**면 및 도배의 상태
> 3. **수**도·전기·가스·소방·열공급·승강기 설비, 오수·폐수·쓰레기 처리시설 등의 상태
> 4. **도**로 및 대중교통수단과의 연계성, 시장·학교 등과의 근접성, 지형 등 입지조건, 일조·소음·진동 등 환경조건
> 5. **공**법상의 이용제한 및 거래규제에 관한 사항
> 6. 중개대상물의 **공**시지가(다만, **임대차의 경우**에는 공시지가를 공개하지 아니할 수 있다)
> 7. **소**유권·전세권·저당권·지상권 및 임차권 등 중개대상물의 권리관계에 관한 사항 (다만, **각 권리자의 주소·성명 등 인적 사항**에 관한 정보는 공개하여서는 아니 된다)
> 8. 중개대상물의 거래예정**금액**

3. **중개의뢰인의 의무**

> ① **위약금**(보수 전액)

> > ㉠ 유효기간 내에 다른 개업공인중개사에 의뢰하여 거래계약체결(중개완성)된 경우
> > ㉡ 유효기간 내에 전속 개업공인중개사가 소개한 상대방과 직접거래계약 체결한 경우

> ② **비용지급**(보수 50% 범위 내에서 사회통념상 상당한 비용): 유효기간 내에 의뢰인 스스로 발견한 상대방과 거래한 경우

━━━━━ 대표문제 및 빈출지문 정리 ━━━━━

01 전속중개계약을 체결한 개업공인중개사는 중개의뢰인에게 1주일에 2회 이상 중개업무 처리상황을 문서로써 통지해야 한다. (　　)

02 개업공인중개사가 중개대상물의 정보를 일간신문에 공개한 때에는 지체 없이 중개의뢰 인에게 사실을 구두 또는 문서로써 통지해야 한다. (　　)

03 중개의뢰인이 전속중개계약의 유효기간 내에 스스로 발견한 상대방과 직접거래한 경우, 중개의뢰인은 개업공인중개사에게 중개보수의 50%를 지불할 의무가 있다. (　　)

04 각 권리자의 주소·성명 등 인적 사항에 관한 정보는 공개하여서는 아니 된다. (　　)

05 임대차의 경우에는 공시지가를 공개하지 아니할 수 있다. (　　)

06 전속중개계약을 체결하고자 하는 경우, 중개의뢰인과 개업공인중개사는 합의하여 전속 중개계약서(표준서식)의 내용과 다른 약정을 할 수 있다. (　　)

07 표준서식인 일반중개계약서와 전속중개계약서에는 개업공인중개사가 중개보수 과다수 령시 그 차액의 환급을 공통적으로 규정하고 있다. (　　)

08 전속중개계약의 경우, 중개의뢰인이 비공개를 요청한 경우에는 이를 공개해서 아니 되 며 이에 위반시 임의적 등록취소사유에 해당된다. (　　)

09 일반중개계약서와 전속중개계약서에 개업공인중개사는 성명, 상호, 생년월일, 주소(체 류지), 등록번호, 전화번호 등을 기재하고 서명 또는 날인하여야 한다. (　　)

10 **법정서식상의 권리이전용(매도·임대 등)에는 다음의 사항을 기재하여야 한다.** (　　)

> ① 소유자 및 등기명의인 성명, 주민번호(외국번호), 주소
> ② 중개대상물표시
> ③ 권리관계
> ④ 거래규제 및 공법상 제한사항
> ⑤ 중개의뢰가액
> ⑥ 기타사항

11 공인중개사법령상 전속중개계약에 관한 설명으로 틀린 것은?

① 개업공인중개사는 체결된 전속중개계약서를 3년간 보존해야 한다.

② 중개의뢰인이 전속중개계약의 유효기간 내에 스스로 발견한 상대방과 직접 거래한 경우, 중개의뢰인은 개업공인중개사에게 중개보수의 50%를 지불할 의무가 있다.

③ 중개의뢰인과 개업공인중개사는 전속중개계약의 유효기간을 3개월 이상으로 약정할 수 있다.

④ 전속중개계약을 체결한 개업공인중개사는 중개의뢰인에게 2주일에 1회 이상 중개업무 처리상황을 문서로써 통지해야 한다.

⑤ 개업공인중개사가 중개대상물의 정보를 일간신문에 공개한 때에는 지체 없이 중개의뢰인에게 그 사실을 문서로써 통지해야 한다.

정답 및 해설

1. (×) [해설] 2주에 1회 이상
2. (×) [해설] 구두 (×)
3. (×) [해설] 50% 범위 내에서 사회통념
4. (○)   5. (○)
6. (×) [해설] 할 수 없다.
7. (○)   8. (○)   9. (○)   10. (○)
11. ② [해설] 50% 범위 내에서 사회통념상 비용

테마 17 부동산거래정보망

━━━━ 핵심포인트 ━━━━

1. 부동산거래정보망의 특징

① **개업공인중개사 상호 간**에 중개대상물의 중개에 관한 정보교환체계이다.
  (즉, 일반인, 의뢰인, 무등록업자 등 가입 − ×)

② 거래정보사업자의 지정권자, 지도·감독권자, 청문권자, 지정 취소권자, 과태료부과·징수권자는 **모두 국토교통부장관**이다.

③ 개인이나 법인사업자 가능 ⬚ 단, 법인인 개업공인중개사 (×)

2. 지정요건

- 부가통신사업자 신고한 자
- 정보처리기사 1인 이상
- 개업공인중개사 수가 전국 500인 이상이고, 2개 이상 시·도 각 30인 이상
- 공인중개사 1인 이상
- 국토교통부장관이 정하는 컴퓨터 용량 설비

3. 지정 및 운영절차

국토교통부장관에 신청 ⇨ **신청일부터 30일** 이내에 지정 및 지정서 교부 ⇨ 지정일부터 **3개월** 이내 운영규정 ⇨ 지정일부터 **1년** 이내 설치·운영

4. 지정취소 〈★ 거. 운. 정. 해. 일〉(1년)

국토부장관은 다음 각 호에 해당하는 때에는 그 지정을 **취소할 수 있다.**

☐ 지정취소 처분 전에 청문을 거쳐야 하나 ④는 청문을 생략한다.

① **거짓** 기타 부정한 방법으로 지정을 받은 때
② **운영**규정의 승인 또는 변경승인을 받지 아니하거나, 운영규정의 내용에 위반
③ **정보**공개 의무 위반한 때(일반인 의뢰정보, 다르게, 차별적 공개)
④ 개인인 거래정보사업자의 사망 또는 법인사업자 **해산**
⑤ 지정을 받은 날부터 **1년** 이내에 설치·운영하지 아니한 때

⇨ **개업공인중개사 제재**: 정보를 거짓으로 공개, **거래사실을 거래정보사업자에게 통보 위반** : 업무정지

━━━━━ **대표문제 및 빈출지문 정리** ━━━━━

01 부가통신사업자는 다음 각 호의 요건을 갖추어야 한다. ( ) 안에 들어갈 말로 적절한 것은?

㉠ 가입·이용신청을 한 (   )의 수가 5백명 이상이고, 2개 이상의 특별시·광역시·도 및 특별자치도에서 각각 (   ) 이상이 가입·이용신청을 하였을 것
㉡ 정보처리기사 1명 이상을 확보할 것
㉢ (   ) 1명 이상을 확보할 것
㉣ 국토교통부장관이 정하는 용량 및 성능을 갖춘 컴퓨터설비를 확보할 것

02 국토교통부장관은 지정신청 받은 날로부터 기준에 적합하면 3개월 이내에 지정처분 및 지정서를 교부하여야 하며, 부동산거래정보사업자는 지정받은 날로부터 3개월 이내에 설치·운영하여야 한다. ( )

03 개업공인중개사 상호 간에 중개대상물의 중개에 관한 정보교환체계이다. ( )

04 거래정보사업자의 지정권자, 지도·감독권자, 청문권자, 지정취소권자, 운영규정 승인, 과태료 부과·징수권자는 모두 국토교통부장관이다. ( )

05 일반중개계약을 체결한 경우, 거래정보망에의 정보 공개 여부는 재량사항이나, 거래정보망에 정보를 공개한 경우 정보사업자에게의 통보는 의무사항이다. ( )

06 지정서류로는 개업공인중개사로부터 받은 부동산거래정보망가입·이용신청서 및 그 개업공인중개사의 중개사무소 등록증 원본을 제출하여야 한다. ( )

07 거래정보사업자는 개업공인중개사로부터 공개를 의뢰받은 중개대상물의 정보를 개업공인중개사에 따라 차별적으로 공개할 수 있다. ( )

08 거래정보사업자가 운영규정의 승인 또는 변경승인을 받지 아니하거나, 운영규정의 내용에 위반한 경우 지정취소와 500만원 이하의 과태료 사유에 해당한다. ( )

09 공인중개사법령상 부동산거래정보망에 관한 설명으로 옳은 것은?
① 거래정보사업자로 지정받기 위하여 신청서를 제출하는 경우, 공인중개사 자격증 원본을 첨부해야 한다.
② 국토교통부장관은 거래정보사업자 지정신청을 받은 날부터 14일 이내에 이를 검토하여 그 지정 여부를 결정해야 한다.
③ 전속중개계약을 체결한 개업공인중개사가 부동산거래정보망에 임대차에 대한 중개대상물 정보를 공개하는 경우, 임차인의 성명을 공개해야 한다.
④ 거래정보사업자로 지정받은 법인이 해산하여 부동산거래정보망사업의 계속적인 운영이 불가능한 경우, 국토교통부장관은 청문을 거치지 않고 사업자지정을 취소할 수 있다.
⑤ 거래정보사업자는 개업공인중개사로부터 의뢰받은 중개대상물의 정보뿐만 아니라 의뢰인의 이익을 위해 직접 조사한 중개대상물의 정보도 부동산거래정보망에 공개할 수 있다.

정답 및 해설

1. [해설] ㉠ (개업공인중개사), (30인), ㉢ (공인중개사)
2. (×) [해설] 30일 이내에 지정처분, 1년 이내에 운영
3. (○)   4. (○)   5. (○)
6. (×) [해설] 등록증 사본
7. (×) [해설] 차별공개 불가(지정취소사유)
8. (○)
9. ④ [해설] ① 사본 ② 30일 ④ 성명 등 인적 사항 공개 (×) ⑤ 직접조사 공개 (×)

테마 18 개업공인중개사 등의 기본윤리 의무

━━━━━ **핵심포인트** ━━━━━

1. 개업공인중개사 등의 기본윤리

> 개업공인중개사 및 소속공인중개사는 전문직업인으로서의 / 품위를 유지하고 / 신의와 성실로써 / 공정하게 중개 관련 업무를 수행하여야 한다.

※ 중개보조원은 이에 해당되지 않는다.

2. 개업공인중개사 등의 비밀준수의무

1. 개업공인중개사의 소속공인중개사, 중개보조원, 법인의 사원, 임원 **모두는 직무상 지득한 비밀**을 누설해서는 안 된다.

2. 현직 **종사 및 퇴직 후**에도 지켜야 한다.

3. **예외** : 법정에서 증언, 수사기관에서 심문, 의뢰인의 승낙이 있는 경우와 「**공인중개사법」상** 매수자 등에게 **중개대상물의 확인·설명 의무를 이행하는 경우는 예외이다.**

4. **제재**

> ① 피해자가 처벌을 원하지 않는다면 처벌할 수 없는 **반의사불벌죄이다.**
> ② 행정형벌로써 1년 이하의 징역 또는 1천만원 이하의 벌금형이다.

■■■■■■ 대표문제 및 빈출지문 정리 ■■■■■■

01 개업공인중개사의 소속공인중개사, 중개보조원, 법인의 사원, 임원 모두는 현직 및 퇴직 후에도 직무상 지득한 비밀을 누설해서는 안 된다. ( )

02 「공인중개사법」에서 규정하고 있는 개업공인중개사의 의무에 해당되는 것으로 묶어 놓은 것은?

> ㉠ 신의와 성실로서 공정하게 중개행위를 하여야 할 의무
> ㉡ 공인중개사협회 정관을 준수해야 할 의무
> ㉢ 거래대상 부동산에 근저당이 설정된 경우 실제 피담보채권액 확인 의무
> ㉣ 계약금 반환채무이행 보장 의무
> ㉤ 중개대상물의 확인·설명 및 확인·설명서 작성·교부·보관 의무
> ㉥ 업무상 비밀준수의무

① ㉠, ㉢, ㉤ ② ㉠, ㉤, ㉥ ③ ㉠, ㉣, ㉤
④ ㉡, ㉢, ㉥ ⑤ ㉡, ㉣, ㉥

03 공인중개사법령상 벌칙 부과대상 행위 중 피해자의 명시한 의사에 반하여 벌하지 <u>않는</u> 경우는?

① 거래정보사업자가 개업공인중개사로부터 의뢰받은 내용과 다르게 중개대상물의 정보를 부동산거래정보망에 공개한 경우
② 개업공인중개사가 그 업무상 알게 된 비밀을 누설한 경우
③ 개업공인중개사가 중개의뢰인으로부터 법령으로 정한 보수를 초과하여 금품을 받은 경우
④ 시세에 부당한 영향을 줄 목적으로 개업공인중개사에게 중개대상물을 시세보다 현저하게 높게 표시·광고하도록 강요하는 방법으로 개업공인중개사의 업무를 방해한 경우
⑤ 개업공인중개사가 단체를 구성하여 단체 구성원 이외의 자와 공동중개를 제한한 경우

▌정답 및 해설

1. (○)
2. ② [해설] ㉠ 신의와 성실로서 공정하게 중개행위를 하여야 할 의무가 있다. ㉤ 중개대상물의 확인·설명 및 확인·설명서 작성·교부·보관할 의무가 있다. ㉥ 의무가 있다.
   ㉡ 정관준수 의무는 폐지되었다. ㉢ 근저당권이 설정된 경우 실제 피담보채권액 확인의무는 없고, 채권최고액만 설명하면 된다. ㉣ 계약금 반환채무이행 보장 의무가 아니라 이는 개업공인중개사의 권고사항이다.
3. ② [해설] ① 1-1 ③ 1-1 ④ 3-3 ⑤ 3-3은 감경사유일 뿐 당연히 처벌된다.

테마 19 │ 개업공인중개사 등의 금지행위(법 제33조)

━━━ 핵심포인트 ━━━

1. 적용범위

① **제1항**: 개업공인중개사, 사원·임원·고용인 모두에게 적용되며, **일반인은 적용되지 않는다.**
② **제2항**: "누구든지 시세에 부당한 영향을 줄 목적으로 온라인 커뮤니티 등을 이용하여 개업 공인중개사 등의 업무를 방해해서는 아니 된다." ⇨ **즉, 개·공, 소공, 보조원 등 포함**

2. 금지행위 개별 내용 〈★ 기.수.매.무 ─ 관직.쌍투 ─ 시.체.방〉!

1) **제1호**: 중개대상물의 매매를 업으로 하는 행위

> ① 중개대상물(토지, 건축물, 입목, 공장 및 광업재단)의 일회적인 매매는 가능하나, 매매업은 금지된다.
> ② 거주목적, 중개사무소 활용 목적의 1회 건물 매매는 가능하다(단, 직접거래 형태로 매매는 불가함).

2) **2호**(무등록업자와 협력행위): 무등록업자인 사실을 알면서 (의뢰받거나 자기의 명의를 이용하게 하는) 협조하는 행위

3) **제3호**(보수, 실비 초과): 중개보수 또는 실비를 초과하여 금품을 받는 행위

> ① "금품"이므로 중개보수 또는 실비 외에 고가의 골동품 등도 수령해서는 안 된다.
> ② 중개보수 상한선 초과수수는 금지되나 할인, 면제, 무상은 금지행위가 아니다.
> ③ 중개의뢰인과 합의 또는 사례, 수고비 등 명목으로 초과수수도 금지된다.
> ④ 강행규정으로 법정보수를 초과하는 약정 부분은 무효이며, 만약 초과하여 수령했다면 부당이득이므로 반환해야 한다.

4) **제4호**(기망): 당해 중개대상물의 거래상의 중요사항에 관하여 거짓된 언행 기타의 방법으로 판단을 그르치게 한 행위

> ① **중개대상물의 중요사항**: 중개대상물의 중대한 법적·물리적 하자 등
> ② 미확정개발계획을 확정된 것처럼 유포한 경우
> ③ 개발제한 구역으로 편입된 임야를 곧바로 고가로 전매할 수 있다고 속이는 것
> ④ 매도인의 의뢰가격을 숨기고 상당히 높은 가격으로 매도하고 차액 취득한 행위

5) **제5호**(관련 증서) : 분양·임대 등과 관련 있는 증서 등의 매매·교환 등을 중개 또는 매매업 행위

> ① 주택법상 입주자저축증서, 주택상환사채 등은 관련 증서에 해당한다.
> ② **분양권**(상가, 주택) : 관련 증서가 아니다. 따라서 중개가 가능하다.

6) **제6호** : 중개의뢰인과 직접거래를 하거나 거래당사자 쌍방을 대리하는 행위

   (1) **직접거래금지**

   > ① 직접거래는 「민법」과는 달리 본인의 **동의**를 얻어도 할 수 없다.
   > ② 직접거래의 중개의뢰인에는 **대리인**, 사무처리를 위탁받은 **수임인** 등도 포함된다.
   > ③ 직접거래는 단, 1회도 금지된다.
   > ④ 매매 등 모든 거래를 금지한다.

   ▷ 직접거래에 해당되지 않는 경우!

   > ① **다른 개업공인중개사의 중개로 부동산**을 매수하여 매수중개 의뢰를 받은 또 다른 개업공인중개사의 중개로 매도한 경우는 해당하지 아니한다.
   > ② 개업공인중개사가 자신의 소유가 아닌 배우자나 친척 소유 부동산의 매각을 중개한 경우에도 직접거래에 포함되지 않는다(부부의 공동소유가 아닌 개별재산의 경우).

   (2) **쌍방대리금지** : 중개의뢰인의 일방만 대리는 가능하다. 또한 이행행위(잔금 및 등기서류)의 쌍방대리도 가능하다.

7) **제7호**(투기조장) : 탈세를 목적으로 투기를 조장하는 행위, 즉 소유권 보존등기 또는 이전등기를 하지 아니한 부동산이나 권리변동이 제한된 권리를 중개하는 행위는 금지된다.

8) **제8호**(시세 조작) : 부당한 이익 또는 제3자에게 부당한 이익을 얻게 할 목적으로 거짓으로 거래가 완료된 것처럼 꾸미는 등 시세에 부당한 영향을 주거나 줄 우려 행위

9) **제9호**(단체구성) : 단체를 구성하여 특정 중개대상물에 대하여 중개를 제한하거나 단체 구성원 이외의 자와 공동중개를 제한하는 행위

10) **제10호**(방해금지) : 안내문, 온라인 커뮤니티 등을 이용하여 개업공인중개사 등의 업무 방해 금지(개공 등 + 일반인들의 거래질서 문란 행위 방지)

   > 1. **특정 개업공인중개사 등에 대한 중개의뢰를 제한하거나 제한**을 유도하는 행위
   > 2. 중개대상물에 대하여 시세보다 현저하게 높게 표시·광고 또는 중개하는 **특정 개업공인중개사 등에게만 중개의뢰**를 하도록 유도함.
   > 3. **특정 가격 이하로 중개를 의뢰하지 아니하도록** 유도하는 행위
   > 4. **정당한 표시·광고 행위를 방해**하는 행위
   > 5. 중개대상물을 **시세보다 현저하게 높게 표시·광고하도록 강요하거나 대가를 약속**하고 시세보다 현저하게 높게 표시·광고하도록 유도하는 행위

3. 금지행위 위반 효과

① 거래계약이 무효, 취소, 해제되지 않는 한 **보수청구권**이 소멸되는 것은 아니다.
② 거래당사자 간의 계약의 효력이 당연히 **무효로 되는 것은 아니다**.

■■■■ **대표문제 및 빈출지문 정리** ■■■■

01 중개대상물(토지, 건축물, 입목, 공장 및 광업재단)의 매매업은 금지된다.　　( )

02 금지행위 중에 개업공인중개사는 법정보수 또는 실비를 사례, 증여, 기타 어떤 명목으로도 초과하여 금품을 받을 수 없다. 다만, 주택의 관리대행, 상가 분양대행, 권리금 등 겸업에 대해서는 이 규정은 적용되지 않는다.　　( )

03 개업공인중개사 등은 '중개의뢰인'과 직접거래가 금지된다. 이때 '중개의뢰인'은 중개대상물의 소유자와 대리인을 포함한다.　　( )

04 직접거래금지는 개업공인중개사 등이 중개의뢰인과 단, 1회의 매매나 임대차계약 등도 포함된다.　　( )

05 현행법상 금지행위로 규정되어 있는 부동산의 분양·임대 등과 관련 있는 증서로는 주택청약예금증서, 주택상환채권, 아파트 분양권 및 상가 분양권 등이 있다.　　( )

06 개업공인중개사가 단기전매 차익을 얻을 목적으로 중개의뢰인의 미등기 전매를 중개한 경우 결과적으로 중개의뢰인이 전매차익을 얻지 못했다 하더라도 이는 금지행위인 투기조장 행위에 해당된다.　　( )

07 누구든지 시세에 부당한 영향을 줄 목적으로 안내문, 온라인 커뮤니티 등을 이용하여 특정 개업공인중개사 등에 대한 중개의뢰를 제한하거나 제한을 유도하는 행위 등으로 개업공인중개사 등의 업무를 방해해서는 아니 된다.　　( )

08 공인중개사법령상 개업공인중개사의 금지행위에 관한 설명으로 틀린 것은?

① 개업공인중개사는 건축물의 매매를 업으로 해서는 안 된다.

② 중개보조원이 중개의뢰인과 직접거래를 하는 것은 금지된다.

③ 중개의뢰인이 부동산을 단기 전매하여 세금을 포탈하려는 것을 알고도 개업공인중개사가 이에 동조하여 그 전매를 중개하는 행위는 금지된다.

④ 「공인중개사법」 등 관련 법령에서 정한 한도를 초과하는 중개보수 약정은 그 전부가 무효이다.

⑤ 등록관청은 개업공인중개사가 금지행위를 한 경우, 중개사무소의 개설등록을 취소할 수 있다.

09 「공인중개사법」상 금지행위에 해당하는 것으로 묶은 것은?

> ㉠ 부동산의 분양·임대 등과 관련 있는 증서 등의 매매를 중개하는 행위
> ㉡ 거래당사자 일방을 대리하는 행위
> ㉢ 단체를 구성하여 단체 구성원 이외의 자와 공동중개를 제한하는 행위
> ㉣ 배우자 소유의 건물을 중개하는 행위
> ㉤ 개설등록을 하지 아니하고 중개업을 영위하는 자인 사실을 알면서 그를 통하여 중개를 의뢰받는 행위

① ㉠, ㉡, ㉣   ② ㉠, ㉡, ㉤   ③ ㉠, ㉢, ㉤

④ ㉠, ㉡, ㉢, ㉤   ⑤ ㉡, ㉢, ㉣, ㉤

┃정답 및 해설

1. (○)   2. (○)   3. (○)   4. (○)

5. (×) [해설] 아파트분양권과 상가의 분양권은 분양·임대 관련 증서에 해당하지 아니한다. 따라서, 중개대상물에 해당된다.

6. (○)   7. (○)

8. ④ [해설] 초과한 부분만 무효

9. ③ [해설] ㉡ 거래당사자 일방을 대리하는 행위는 금지행위가 아니다. ㉣ 배우자 소유의 건물 중개는 금지행위가 아니다.

테마 20 중개대상물 확인·설명의무

━━━━ **핵심포인트** ━━━━

1. 개업공인중개사는 중개대상물에 관한 사항을 매수인·임차인 등 권리취득의뢰인에게 확인·설명하여야 한다.

> ※ 소속공인중개사는 중개대상물의 확인·설명업무를 수행할 수 있다(재량).
> ※ 중개보조원은 중개대상물의 확인·설명업무를 할 수 없다.

2. 확인·설명은 중개의뢰를 받은 때부터 중개 완성 전에 하여야 한다.

3. 개업공인중개사는 확인·설명을 위하여 필요한 경우, **매도의뢰인·임대의뢰인 등**에게 당해 중개대상물의 상태에 관한 자료를 **요구할 수 있다.**

> ※ 의뢰인이 불응한 경우에는 개업공인중개사는 이 사실을 **권리취득 의뢰인에게 설명**하고, 중개대상물 **확인·설명서에 기재**하여야 한다.

4. 개업공인중개사는 성실·정확하게 구두로 설명하고 근거자료를 제시하여야 한다.

> ※ 서면만을 주거나 서면제시 없이 구두로만 해서는 안 된다. ⇨ 500만원 이하의 과태료

제시 서면	등기사항증명서, 토지대장, 건축물대장, 토지이용계획확인서 등	과태료 500만원

5. 확인·설명할 사항 〈★ 물.벽.수.도 − 공.소.금 − 실.세 − 주.전.보〉

1. 중개대상물의 종류·소재지·지번·지목·면적·구조 및 건축연도 등 기본적인 사항
2. 벽면·바닥면 및 도배의 상태
3. 수도·전기·가스·소방·열공급·승강기 및 배수 등 시설물의 상태
4. 도로 및 대중교통수단과의 연계성, 시장·학교와의 근접성 등 입지조건
5. 일조·소음·진동 등 환경조건
6. 토지이용계획, 공법상의 거래규제 및 이용제한에 관한 사항
7. 소유권·전세권·저당권·지상권 및 임차권 등 중개대상물의 권리관계에 관한 사항
8. 거래예정금액·**중개보수 및 실비**의 금액과 그 산출내역
9. 중개대상물에 대한 권리를 **취득함에 따라 부담하여야 할 조세**의 종류 및 세율
10. 「**주**택임대차보호법」상 임대인의 정보 제시 의무에 관한 사항 및 「주택임대차보호법」상 보증금 중 일정액의 보호에 관한 사항
11. 「주민등록법」상 **전**입세대확인서의 열람 또는 교부에 관한 사항
12. 「민간임대주택에 관한 특별법」상 임대보증금에 대한 **보**증에 관한 사항

※ **공시지가**를 설명할 의무는 없다.

⌐ **전속중개와 차이점**: ㉠ 각 권리자의 인적 사항을 공개 (×) ㉡ 중개보수 및 실비 (×) ㉢ 취득 관련 조세와 세율은 공개 (×)

6. 개업공인중개사는 의뢰인에게 주민등록증 등 신분에 관한 증표 **제시 요구 가능**

7. 개업공인중개사는 **주택의 임대차계약**을 체결하려는 중개의뢰인에게 다음을 설명하여야 한다.

> 1. 「주택임대차보호법」상 확정일자부여기관에 정보제공을 요청할 수 있다는 사항
> 2. 임대인이 납부하지 아니한 국세 및 지방세의 열람을 신청할 수 있다는 사항

8. 개업공인중개사는 근저당이 설정된 경우, 그 채권최고액을 의뢰인에게 설명하면 족하고, 실제의 피담보채무액까지 조사·확인하여 설명할 의무는 없다.

대표문제 및 빈출지문 정리

01 다음 ( ) 안에 들어갈 말로 적절한 것은?

> "개업공인중개사는 중개를 의뢰받은 경우에는 중개가 완성되기 ( )에 일정한 사항을 조사, 확인하여 이를 당해 중개대상물에 관한 권리를 ( )하고자 하는 중개의뢰인에게 성실·정확하게 설명( ), 토지대장등본, 부동산종합증명서, 등기사항증명서 등 설명의 근거자료를 제시하여야 한다."

02 개업공인중개사의 확인·설명의무와 손해배상책임은 중개의뢰인이 소정의 중개보수를 지급하지 아니하였다 하여 당연히 소멸되는 것은 아니다. ( )

03 개업공인중개사는 중개가 완성되어 거래계약서를 작성하는 때에는 중개대상물 확인·설명서를 3부를 작성하여, 거래당사자에게 교부하고, 5년 동안 그 원본, 사본, 전자문서를 보존하여야 한다. 다만, 공인전자문서센터에 보관된 경우에는 그러하지 아니하다. ( )

04 개업공인중개사가 확인·설명의무를 위반하면 500만원 이하의 과태료처분 대상이 된다. ( )

05 소속공인중개사가 성실·정확하게 중개대상물의 확인·설명을 하지 않은 것은 소속공인중개사의 자격정지사유에 해당한다. ( )

06 개업공인중개사는 거래계약서를 작성하는 때에 중개대상물 확인·설명서를 작성해야 한다. ( )

07 개업공인중개사는 임대차계약을 중개할 경우 임차의뢰인이 「임대차보호법」에서 정한 대항력, 우선변제권 등의 보호를 받을 수 있는지를 확인·설명할 의무가 있다. (　)

08 개업공인중개사는 중개대상물에 대한 확인·설명을 중개완성된 후 해야 한다. (　)

09 개업공인중개사는 선량한 관리자의 주의로 중개대상물의 유치권, 분묘기지권 등 권리 관계를 조사·확인하여 중개의뢰인에게 설명할 의무가 있다. (　)

10 중개대상물의 확인·설명에 관한 설명으로 틀린 것은?

① 개업공인중개사가 중개를 의뢰받은 경우 중개대상물에 대한 확인·설명은 중개가 완성되기 전에 해야 한다.

② 개업공인중개사의 중개대상물에 대한 확인·설명은 당해 중개대상물에 대한 권리를 취득하고자 하는 중개의뢰인에게 해야 한다.

③ 개업공인중개사는 중개가 완성되어 거래계약서를 작성하는 때에는 중개대상물 확인·설명서를 작성하여 거래당사자에게 교부해야 한다.

④ 중개의뢰인이 개업공인중개사에게 소정의 보수를 지급하지 아니하였다고 해서 개업공인중개사의 확인·설명의무 위반에 따른 손해배상책임이 당연히 소멸되는 것이 아니다.

⑤ 주거용 건축물의 경우 소음·진동은 개업공인중개사가 확인하기 곤란하므로 확인·설명할 사항에 해당하지 않는다.

┃정답 및 해설

1. (전), (취득), (하고)
2. (○)
3. (×) [해설] 중개대상물 확인·설명서의 보관기간은 3년이다.
4. (○)　　5. (○)　　6. (○)　　7. (○)
8. (×) [해설] 중개완성 전
9. (○)　　10. ⑤ [해설] 확인·설명해야 하고, 중개대상물 확인·설명서에도 기재하여야 한다.

테마 21 ▸ 거래계약서 작성 등에 관한 의무

━━━━ **핵심포인트** ━━━━

1. 국토교통부장관은 개업공인중개사가 작성하는 거래계약서에 관하여 표준이 되는 서식을 정하여 이의 사용을 권장할 수 있다. ⇨ **현재 법정표준서식이 제정되어 있지 않다.**

2. 개업공인중개사는 중개대상물에 관하여 **중개가 완성된 때**에는 거래계약서를 작성하여야 한다.

3. 개업공인중개사는 거래계약서 3부를 작성하여 거래당사자에게 교부하고, 5년 동안 그 원본, 사본 또는 전자문서를 보존하여야 한다. ⇨ **공인전자문서센터에 보관된 경우 보관 (×)**

4. 거래계약서를 작성한 개업공인중개사가(대표자 또는 분사무소의 책임자) 서명 및 날인하되, 당해 업무를 수행한 소속공인중개사가 함께 서명 및 날인한다. ⇨ **확인·설명서 동일**

5. 필수적 기재사항 〈★ 당.물.계.대 − 이.도.조 − 확.특〉

① 거래당사자의 인적 사항
② 물건의 표시
③ 계약일
④ 거래금액(대금)과 계약금액 및 그 지급일자 등 지급에 관한 사항
⑤ 물건의 인도일시
⑥ 권리이전의 내용
⑦ 계약의 조건이나 기한이 있는 경우에는 그 조건 또는 기한
⑧ 중개대상물 확인·설명서 교부일자
⑨ 그 밖의 약정내용(특약)

6. 2중계약서 작성금지

개업공인중개사는 거래계약서를 작성하는 때에는 거래금액 등 거래내용을 거짓으로 기재하거나 **서로 다른 2 이상의 거래계약서를** 작성하여서는 아니 된다.
⇨ 단, **의뢰인의 요청으로 동일한 내용의 계약서를 4부를 작성하는 것은 위법이 아니다.**

※ **개업공인중개사는 임의적 등록취소이다.** ◆주의 행정형벌 (×)

7. 기타

(1) 권리이전의뢰인과 권리취득의뢰인에게는 **서명 또는 날인**하면 된다.

(2) 공동중개에 관여한 개업공인중개사 **모두**가 거래계약서 및 중개대상물 확인·설명서에 함께 서명 및 날인하여야 한다.

━━━━━ **대표문제 및 빈출지문 정리** ━━━━━

01 개업공인중개사는 거래계약서를 작성하는 때에는 거래금액 등 거래내용을 거짓으로 기재하거나 서로 다른 2 이상의 거래계약서를 작성하여서는 아니 된다. 이에 위반시에는 1년 이하의 징역 또는 1천만원 이하의 벌금형에 해당된다.　　　　　　　　　　　(　　)

02 다음 중 거래계약서에 관한 설명으로 틀린 것은?
① 개업공인중개사는 중개를 완성한 경우 반드시 거래계약서를 작성하여야 한다.
② 현행법상 거래계약서의 법정서식은 제정되어 있지 않다.
③ 당해 중개행위를 한 소속공인중개사도 개업공인중개사와 함께 거래계약서에 서명 및 날인을 하여야 한다.
④ 개업공인중개사는 거래당사자에게 교부하고, 5년 동안 그 원본, 사본 또는 전자문서를 보존하여야 한다. 다만, 공인전자문서센터에 보관된 경우에는 그러하지 아니하다.
⑤ 계약서의 필요적 기재사항으로는 공시지가, 중개보수 및 실비, 공법상 이용제한 및 거래규제 등도 포함된다.

03 다음 (　　) 안에 들어갈 말로 적절한 것은?

교부의무	보존의무	특징
㉠ **거래계약서(3부), 서명 및 날인**	거래계약서 보존 – (　　)	법정서식 없다.
㉡ **중개대상물 확인 · 설명서(3부), 서명 및 날인**	중개대상물 확인 · 설명서 보존 – (　　)	법정서식 사용
㉢ **전속중개계약서(2부), 서명 또는 날인**	전속중개계약서 보조 – (　　)	법정서식 사용

04 의뢰인의 요청으로 동일한 내용의 거래계약서를 재작성 또는 4부를 작성하는 것은 위법이 아니다.　　　　　　　　　　　　　　　　　　　　　　　　　(　　)

｜정답 및 해설｜
─────────────────────────────
1. (✕) [해설] 임의적 등록취소에 해당될 뿐, 1년 이하의 징역 또는 1천만원 이하의 벌금형에는 해당되지 않는다.
2. ⑤ [해설] 공시지가, 중개보수 및 실비, 공법상 이용제한 및 거래규제 등은 포함되지 않는다.
3. ㉠ (5년), ㉡ (3년), ㉢ (3년)
4. (○)

테마 22 ｜ 손해배상책임과 업무보증제도

━━━━ **핵심포인트** ━━━━

1. 손해배상책임

1. 개업공인중개사는 중개행위를 함에 있어서 **고의 또는 과실**(경과실 포함)로 인하여 거래당사자에게 **재산상의 손해**를 발생하게 한 때에는 그 손해를 배상할 책임이 있다. ⇨ 정신적 손해(위자료)는 「민법」상으로 배상받을 수 있다.

2. 개업공인중개사는 자기의 중개사무소를 다른 사람의 **중개행위 장소로 제공**함으로써 거래당사자에게 **재산상 손해**를 발생하게 한 때에는 그 손해를 배상할 책임이 있다.

3. 고용인의 업무상 행위는 개업공인중개사의 행위로 간주되므로 개업공인중개사는 고의·과실이 없어도 **손해배상책임을 진다**(무과실 책임).

2. 업무보증제도

1. 개업공인중개사는 **등록 후 ~ 업무를 개시하기 전**에 손해배상책임을 보장하기 위하여 ㉠ **보증보험 또는 ㉡ 공제에 가입하거나 ㉢ 공탁을 하여야 한다**.

2. 업무보증 설정방법 및 금액

종별	보증금액	설정시기	설정방법
개인 개업공인중개사	• 2억원 이상	업무개시 전	① 보증보험 ② 공제가입(협회) ③ 공탁(현금 등)
중개법인	• 4억원 이상(분사무소마다 2억원 이상)	분사무소 : 설치**신고 전**	
특수법인	• 2천만원 이상	업무개시 전	

3. 공탁한 공탁금은 개업공인중개사가 폐업 또는 사망한 날부터 **3년 이내**에는 이를 회수할 수 없다.

4. 보증변경설정은 **기존의 보증의 효력이 있는 기간 중**에 설정하고 등록관청에 신고한다.

5. 보증보험 또는 공제가입은 **보증기간 만료일까지** 보증을 재설정하고 등록관청에 신고한다. ⇨ 단, 공탁 (×)

6. **업무보증기관은** 개업공인중개사가 **보증 설정한 한도 내**에서만 책임을 진다. 다만, **개업공인중개사는** 초과된 손해액에 대해서도 별도 **전액 책임**을 진다.

━━━━ **대표문제 및 빈출지문 정리** ━━━━

01 다음 ( ) 안에 들어갈 기한 및 기간으로 적절한 것은?

> ㉠ 개업공인중개사는 개설등록을 받은 후 업무개시 ( ) 업무보증을 설정
> ㉡ 인장을 변경한 때에는 ( )변경 등록
> ㉢ 공탁금은 개업공인중개사가 폐업한 날부터 ( ) 이내에는 이를 회수할 수 없다.
> ㉣ 전속중개계약을 체결한 개업공인중개사는 ( ) 이내 부동산거래정보망 등에 중개대상물에 대한 정보를 공개
> ㉤ 휴업기간을 변경하고자 하는 자는 ( ) 신고하여야 한다.

02 다음은 개업공인중개사가 업무보증금으로 손해배상을 한 때에 대한 설명이다. ( ) 안에 들어갈 말로 적절한 것은?

> ㉠ 보증보험 · 공제가입 ⇨ ( )일 이내에 다시 가입해야 한다.
> ㉡ 공탁 ⇨ ( )일 이내에 부족한 금액을 보전해야 한다.

03 개업공인중개사는 ( )에는 거래당사자에게 손해배상책임의 보장에 관한 다음 사항을 설명하고, 관계 증서의 사본을 교부하거나 관계 증서에 관한 전자문서를 제공하여야 한다.

04 제재로는 업무보증을 설정하지 않고 업무개시한 경우는 임의적 등록취소이나 보증설정에 관한 내용을 설명하지 않았거나 관계증서 사본 또는 전자문서를 교부하지 않은 경우는 ( )의 과태료이다.

05 이 법상 개업공인중개사의 손해배상책임의 보장에 관한 설명으로 틀린 것은?

① 개업공인중개사 등이 아닌 제3자의 중개행위로 거래당사자에게 재산상 손해가 발생한 경우 그 제3자는 이 법에 따른 손해배상책임을 진다.
② 부동산 매매계약을 중개하고 계약금 및 중도금 지급에도 관여한 개업공인중개사가 잔금 중 일부를 횡령한 경우 이 법에 따른 손해배상책임이 있다.
③ 보증보험 또는 공제에 가입한 경우 보증기간의 만료로 다시 보증을 설정하려면, 그 보증기간 만료일까지 다시 보증을 설정하여야 한다.
④ 개업공인중개사가 자기의 중개사무소를 다른 사람의 중개행위 장소로 제공함으로써 거래당사자에게 재산상 손해가 발생한 경우 그 손해를 배상할 책임이 있다.
⑤ 지역농업협동조합이 「농업협동조합법」에 의해 부동산중개업을 하는 경우 보증기관에 설정하는 손해배상책임보증금은 2천만원 이상이다.

1. ㉠ (전까지), ㉡ (7일 이내), ㉢ (3년), ㉣ (7일), ㉤ (미리)
2. ㉠ (15), ㉡ (15)
3. 중개가 완성된 때
4. 100만원 이하
5. ① [해설] 「민법」상 불법행위에 따른 손해배상을 청구할 수 있다.

테마 23 | 계약금 등의 반환채무이행의 보장(예치제도)

■■■■■ **핵심포인트** ■■■■■

1. 개업공인중개사는 거래계약의 이행이 완료될 때까지 계약금·중도금 또는 잔금을 예치하도록 거래당사자에게 권고할 수 있다(의무 규정이 아님).

2. 관련 내용(도표 정리)

예치대상	예치명의자 〈★ 은.공.신.보.전.체〉	예치기관 〈★ 금.공.신(등)〉	보증서 발급처
* 이행완료 계약금 + 중도금 **잔금도 포함.**	* **개업공인중개사** 또는 • 은행　• 공제사업자 • 신탁업자　• 보험회사 • 전문회사　• 체신관서 ↓ 주의 열거된 기관만 가능하다.	• 금융기관 • 공제사업자 • 신탁업자 등 ↓ 주의 예시이다.	• 금융기관 • 보증보험회사 ↓ **예치명의자에 교부**

3. 계약금 등 사전수령

① 계약금 등을 사전회수할 수 있는 자는 **매도인·임대인 등**(권리이전 의뢰인)이다.
② 매도인·임대인 등 계약금 등을 수령할 수 있는 권리가 있는 자는 보증서를 계약금 등의 **예치명의자에게 교부**하고 계약금 등을 미리 수령할 수 있다.
③ 실비는 **권리취득의뢰인이 부담**한다.

4. 개업공인중개사의 의무

① 계약금 등의 **인출에 대한 거래당사자의 동의 방법**, 반환 채무이행 보장에 소요되는 **실비**, 그 밖에 거래안전을 위하여 필요한 사항을 **약정하여야 한다.**
② 자기 예치금과 분리 관리하고, 거래당사자의 **동의 없이 인출**하여서는 아니 된다.
③ 당사자에게 **예치된 금액**을 보장하는 **보증보험 또는 공제, 공탁하고,** 관계증서의 사본이나 전자문서를 제공하여야 한다.

━━━━━ **대표문제 및 빈출지문 정리** ━━━━━

01 개업공인중개사가 거래당사자에게 계약금 등을 예치하도록 권고할 법률상 의무는 없다. ( )

02 계약금 등을 예치하는 경우 「우체국예금·보험에 관한 법률」에 따른 체신관서 명의로 공제사업을 하는 공인중개사협회에 예치할 수도 있다. ( )

03 소속공인중개사, 중개보조원, 당사자는 예치명의자가 될 수 없다. ( )

04 개업공인중개사는 예치된 계약금 등에 해당하는 금액을 보장하는 보증보험 또는 공제에 가입하거나 공탁을 해야 한다. ( )

05 보증서를 금융기관 또는 보증보험회사에서 발급 받아 계약금 등의 예치명의자에게 교부하고 계약금 등을 미리 수령할 수 있다. ( )

06 개업공인중개사는 예치된 계약금이 자기소유의 예치금과 분리하여 관리하여야 하고, 거래당사자의 동의 없이 임의로 인출하여서는 안 된다. ( )

07 금융기관에 예치하는 데 소요되는 실비는 특별한 약정이 없는 한 매수인·임차인이 부담한다. ( )

08 개업공인중개사의 중개로 매매계약이 체결된 후 매수인이 낸 계약금을 개업공인중개사 명의로 금융기관에 예치하였다. 공인중개사법령상 이에 관한 설명으로 **틀린** 것은?

① 개업공인중개사는 예치된 계약금을 거래당사자의 동의 없이 임의로 인출하여서는 안 된다.

② 개업공인중개사는 계약금 이외에 중도금이나 잔금도 예치하도록 거래당사자에게 권고 할 수 있다.

③ 개업공인중개사는 예치된 계약금에 해당하는 금액을 보장하는 보증보험 또는 공제에 가입하거나 공탁을 해야 한다.

④ 개업공인중개사는 예치된 계약금이 자기소유의 예치금과 분리하여 관리될 수 있도록 해야 한다.

⑤ 금융기관에 예치하는 데 소요되는 실비는 특별한 약정이 없는 한 매도인이 부담한다.

09 「자본시장과 금융투자업에 관한 법률」에 따른 투자중개업자와 「한국지방재정공제회법」 에 따른 한국지방재정공제회는 계약금 등의 예치명의자가 될 수 있다.　　　(　)

┃정답 및 해설

1. (○)　　2. (○)　　3. (○)　　4. (○)　　5. (○)　　6. (○)　　7. (○)
8. ⑤ [해설] 매수인이 부담한다.
9. (×) [해설] 예치명의자가 될 수 없다.

테마 24 ▶ 중개보수 및 실비

━━━━━ **핵심포인트** ━━━━━

1. 보수 청구권의 소멸

① **개업공인중개사의 고의 · 과실로** 중개의뢰인 간의 거래계약 무효 · 취소 또는 해제된 경우
② **거래당사자의 고의 · 과실로** 거래계약이 해지된 경우는 중개보수를 받을 수 있다(**에** 거래당사 자 간에 합의해제, 중도금 등 이행지체 등으로 해제).

2. 지급시기 거래당사자 간에 약정에 따르되, 약정이 없을 때에는 **거래대금 지급이 완료된 날로** 한다.

3. 중개보수 요율체계

(1) **주택**: **국토교통부령이 정하는 범위 내**에서 **시·도 조례**로 정한다.

즉, 중개의뢰인 쌍방으로부터 각각 받되, 시·도의 조례가 정하는 요율한도 이내에서 중개의
뢰인과 개업공인중개사가 서로 협의하여 결정한다.

(2) **주택 외**: **거래금액의 0.9% 이내**에서 중개의뢰인과 개업공인중개사가 서로 협의로 정한다.
다만, 주거용 오피스텔 경우 다음 요건을 모두 구비할 것

> ① 전용면적이 85m² 이하일 것
> ② 상·하수도 시설이 갖추어진 전용입식 부엌, 전용수세식 화장실 및 목욕시설
> 〈요율〉 ㉠ 매매·교환: 1천분의 5   ㉡ 임대차 등: 1천분의 4

4. 보수계산 공식   ⇨ **보수금액**: 거래금액 × 요율 = 산출액

※ 다만, **산출액과 한도액**을 비교하여 **적은 쪽**을 받는다.

① **임대차**: 보증금 + (월세 × 100)으로 계산한다.

※ 단, 산출된 금액이 5,000만원 미만일 때 "보증금 + (월세 × 70)"으로 한다.

② **분양권**: 기 납입금(총분양가가 아님) + 프리미엄

③ **교환**: 큰 가액의 중개대상물가액을 기준으로 한다.

④ **중첩계약**: 동일한 중개대상물에 대하여 **동일** 당사자 간에 매매를 포함한 둘 이상의 거래가
동일 기회에 이루어지는 경우에는 **매매계약**에 관한 거래금액만을 적용한다.

⑤ **겸용건물**: 건축물 중 주택의 면적이 2분의 1 이상인 경우에는 주택으로 계산, 주택의 면적이
2분의 1 미만인 경우에는 주택 외의 계산방식으로 한다.

5. **중개대상물의 소재지와 중개사무소의 소재지가 다른 경우** 사무소의 소재지를 관할하는 시·도
의 조례에 따라 보수 및 실비를 받아야 한다.

　[주의] 분사무소가 계약을 체결한 경우는 **분사무소가 소재하는 시·도 조례가 적용**된다.

6. 권리금과 겸업(예 컨설팅, 분양대행 등)은 당사자의 합의로 정한다.

7. 실비

> ① **중개대상물의 권리관계 등의 확인 실비**: 매도·임대 등 권리이전의뢰인이 부담한다.
> ② **계약금 등의 반환채무이행 보장의 실비**: 매수·임차 등 권리취득의뢰인이 부담한다.
> ③ 실비는 중개의뢰인과 약정으로 **거래계약체결과 무관**하게 받을 수 있다.

━━━━━━ **대표문제 및 빈출지문 정리** ━━━━━━

01 중개법인의 겸업(에 컨설팅, 프랜차이즈 등)은 보수규정이 적용되지 않고 당사자 합의로 정한다. ( )

02 개업공인중개사의 고의와 과실 없이 중개의뢰인의 사정으로 거래계약이 해제된 경우에 개업공인중개사는 중개보수를 받을 수 있다. ( )

03 주택의 중개보수는 국토교통부령으로 정하는 범위 안에서 시·도의 조례로 정하고, 주택 외의 중개대상물의 중개보수는 국토교통부령으로 정한다. ( )

04 개업공인중개사가 중개보수 산정에 관하여 지방자치단체 조례를 잘못 해석하여 보수를 초과하여 수수한 경우에는 금지행위에 해당하여 처벌된다. ( )

05 주택외의 경우, 매매, 교환, 임대차 등은 거래금액의 0.9% 이내에서 중개의뢰인과 개업공인중개사가 서로 협의로 정한다. ( )

06 중개대상물의 권리관계 등의 확인 실비는 매수·임차 그 밖의 권리를 취득하는 중개의뢰인이 부담한다. ( )

07 乙이 개업공인중개사 甲에게 중개를 의뢰하여 거래계약이 체결된 경우 공인중개사법령상 중개보수에 관한 설명으로 **틀린** 것은? (다툼이 있으면 판례에 따름)
① 甲의 고의와 과실 없이 乙의 사정으로 거래계약이 해제된 경우라도 甲은 중개보수를 받을 수 있다.
② 주택의 중개보수는 국토교통부령으로 정하는 범위 안에서 시·도의 조례로 정하고, 주택 외의 중개대상물의 중개보수는 국토교통부령으로 정한다.
③ 甲이 중개보수 산정에 관한 지방자치단체의 조례를 잘못 해석하여 법정 한도를 초과한 중개보수를 받은 경우 「공인중개사법」 제33조의 금지행위에 해당하지 않는다.
④ 법정한도를 초과하는 甲과 乙의 중개보수 약정은 그 한도를 초과하는 범위 내에서 무효이다.
⑤ 중개보수의 지급시기는 甲과 乙의 약정이 없을 때에는 중개대상물의 거래대금 지급이 완료된 날이다.

08 공인중개사법령상 일방으로부터 받을 수 있는 중개보수의 한도 및 거래금액의 계산 등에 관한 설명으로 틀린 것은? (다툼이 있으면 판례에 따름)

① 주택의 임대차에 대한 중개보수는 거래금액 구간별 요율 범위 내에서 시·도의 조례가 정하는 요율한도 내에서 중개의뢰인과 개업공인중개사가 서로 협의하여 결정한다.

② 아파트 분양권의 매매를 중개한 경우 당사자가 거래 당시 수수하게 되는 총 대금(통상적으로 계약금, 기 납부한 중도금, 프리미엄을 합한 금액)을 거래가액으로 보아야 한다.

③ 교환계약의 경우 거래금액은 교환대상 중개대상물 중 거래금액이 큰 중개대상물의 가액으로 한다.

④ 중개대상물인 건축물 중 주택의 면적이 2분의 1 이상인 건축물은 주택의 중개보수 규정을 적용한다.

⑤ 전용면적이 $85m^2$ 이하이고, 상·하수도 시설이 갖추어진 전용입식 부엌, 전용수세식 화장실 및 목욕시설을 갖춘 오피스텔의 임대차에 대한 중개보수의 상한요율은 거래금액의 1천분의 5이다.

09 개업공인중개사가 X시에 소재하는 주택의 면적이 3분의 1인 건축물에 대하여 매매와 임대차계약을 동시에 중개하였다. 개업공인중개사가 甲으로부터 받을 수 있는 중개보수의 최고한도액은?

〈계약 조건〉
1. 계약당사자 : 甲(매도인, 임차인)과 乙(매수인, 임대인)
2. 매매계약 : 1) 매매대금 : 1억원, 2) 매매계약에 대하여 합의된 중개보수 : 100만원
3. 임대차계약 : 1) 임대보증금 : 3천만원, 2) 월차임 : 30만원, 3) 임대기간 : 2년

〈X시 중개보수 조례 기준〉
1. 매매대금 5천만원 이상 2억원 미만 : 상한요율 0.5%(한도액 80만원)
2. 보증금액 5천만원 이상 1억원 미만 : 상한요율 0.4%(한도액 30만원)

① 50만원 　　　　② 74만원 　　　　③ 90만원
④ 100만원 　　　　⑤ 124만원

┃ 정답 및 해설

1. (○)　　2. (○)　　3. (○)　　4. (○)　　5. (○)
6. (×) [해설] 매도·임대 그 밖의 권리를 이전할 중개의뢰인이 부담한다.
7. ③ [해설] 금지행위에 해당되어 처벌된다.
8. ⑤ [해설] 거래금액의 1천분의 4이다.
9. ③ [해설] 주택 외의 요율은 0.9%이다. 매매가 1억이다 따라서 1억 × 0.9% = 90만원이다. 합의된 보수 100만원이나 초과한 합의는 무효이므로 90만원이 된다.

테마 25 공인중개사협회

━━━━ 핵심포인트 ━━━━

1. 법적 성격

① 비영리사단법인 ⇨「민법」상 사단법인 규정을 준용한다.
② 등기함으로써 성립   ③ 임의설립주의
④ 개업공인중개사의 임의가입 ※ **단, 공인중개사 가입** (×)

2. 설립절차

① **정관작성**(회원 300인 이상)
② **창립총회**(600인 이상 = 서울 100인 이상, 광역·도 및 특별자치도 각 20인 이상) : 과반수 동의)
③ **설립인가** : 국토교통부장관   ④ **설립등기** : 성립

3. 협회의 구성

① **주된 사무소** : 전국 어디든 설치 가능
② **지부** : 시·도에 정관이 정하는 바에 따라 **"둘 수 있다."** ⇨ 시·도지사에게 신고(사후신고)
③ **지회** : 시·군·구에 정관이 정하는 바에 따라 **"둘 수 있다."** ⇨ 등록관청에 신고(사후신고)

※ 협회는 **총회의 의결내용**을 지체 없이 국토교통부장관에게 **보고하여야 한다.**

4. 수탁업무

국토부장관·시·도지사 또는 등록관청은 협회에 다음의 업무를 위탁할 수 있다.

㉠ **교육업무** : 실무교육, 연수교육, 직무교육
㉡ **자격시험** : 시험시행기관장은 **공기업, 준정부기관 또는 협회**

5. 공제사업

① 회원 간의 상호부조를 목적(고유업무, 비영리사업)
② **공제규정의 제정, 변경** : 국토부장관의 승인
③ **책임준비금의 적립비율** : 공제료 수입액의 10/100 **이상**
④ 회계분리 및 책임준비금의 전용 사전승인(국토교통부장관)
⑤ **공제사업 운용실적 공시** : 매 회계년도 종료 후 **3개월 이내**
⑥ 예치명의자 및 예치기관이 될 수 있다(예치제도 참조).

6. 공제사업 운영위원회

공제사업을 심의·감독하기 위하여 협회에 **운영위원회를 둔다**(필수기관).

> 위원은 협회의 임원, 중개업·법률·회계·금융·보험·부동산 분야 전문가, 관계 공무원 및 그 밖에 중개업 관련자로 구성 하며, **위원은 19명** 이내로 한다.
> ① 위원의 임기는 **2년으로 하되 1회에 한하여 연임**할 수 있으며, 보궐위원의 임기는 전임자 임기의 남은 기간으로 한다.
> ② 운영위원회에는 **위원장과 부위원장 각각 1명**을 두되, 위원장 및 부위원장은 위원 중에서 각각 호선한다.
> ③ **부위원장**은 위원장을 보좌하며, 위원장이 부득이한 사유로 그 직무를 수행할 수 없을 때에는 그 **직무를 대행**한다.
> ④ 운영위원회의 회의는 **재적위원 과반수의 출석으로 개의하고, 출석위원 과반수의 찬성으로 의결**한다.
> ⑤ 운영위원회의 사무를 처리하기 위하여 간사 및 서기를 두되, 간사 및 서기는 공제업무를 담당하는 협회의 직원 중에서 위원장이 임명한다.
> ⑥ 기타 사항은 운영위원회의 심의를 거쳐 위원장이 정한다.

7. 국토교통부장관의 공제업무 관리·감독

① 책임준비금을 다른 용도로 사용할 경우에는 **국토부장관의 승인**
② 공제사업의 건전성을 해할 우려가 있다고 인정되는 경우 **시정을 명할 수 있다.**
③ 금융감독원의 원장에게 공제사업에 관하여 검사를 요청할 수 있다.
④ 공제사업 운영 부적절, 자산상황이 불량 등의 우려의 경우 개선조치를 명할 수 있다.

> 〈★ 장.예.집 – 적.손〉
> ㉠ 자산의 **장부**가격의 변경
> ㉡ 자산**예탁**기관의 변경
> ㉢ 업무**집행** 방법의 변경
> ㉣ 불건전한 자산 **적립**금의 보유
> ㉤ 가치 없는 자산 **손실** 처리

⑤ 임원에 대한 **징계·해임을 요구**와 위반행위에 대한 시정명령권이 있다.

8. 기타 협회와 관련 내용

① **재무건전성의 유지**: 지급여력비율은 **100분의 100 이상**을 유지할 것
② 협회·지부·지회의 지도·감독권자 ⇨ 국토교통부장관만이다.

━━━━━ **대표문제 및 빈출지문 정리** ━━━━━

01 협회는 개업공인중개사의 손해배상책임을 보장하기 위하여 공제사업을 할 수 있다.
( )

02 책임준비금의 적립비율은 공제료 수입액의 100분의 100 이상으로 정하고, 재무건전성 기준이 되는 지급여력비율을 100분의 10 이상으로 유지해야 한다. ( )

03 창립총회에는 서울특별시에서는 100인 이상, 광역시·도 및 특별자치도에서는 각각 20인 이상의 회원이 참여하여야 한다. ( )

04 임원에 대한 징계, 해임요구 불이행 또는 시정명령을 이행하지 아니한 경우, 국토교통부장관은 500만원 이하의 과태료를 부과한다. ( )

05 공인중개사법령상 공인중개사협회에 관한 설명으로 옳은 것은?
① 협회는 재무건전성기준이 되는 지급여력비율을 100분의 100 이상으로 유지해야 한다.
② 협회의 창립총회는 서울특별시에서는 300인 이상의 회원의 참여를 요한다.
③ 협회는 시·도에 지부를 반드시 두어야 하나, 시·군·구에 지회를 반드시 두어야 하는 것은 아니다.
④ 협회는 총회의 의결내용을 15일 내에 국토교통부장관에게 보고해야 한다.
⑤ 협회의 설립은 공인중개사법령의 규정을 제외하고 「민법」의 사단법인에 관한 규정을 준용하므로 설립허가주의를 취한다.

06 공인중개사법령상 "공인중개사협회"에 관한 설명으로 옳은 것은?
① 협회는 영리사업으로서 회원 간의 상호부조를 목적으로 공제사업을 할 수 있다.
② 협회는 총회의 의결내용을 지체 없이 등록관청에게 보고하고 등기하여야 한다.
③ 협회가 그 지부 또는 지회를 설치한 때에는 그 지부는 시·도지사에게, 지회는 등록관청에 신고하여야 한다.
④ 협회는 개업공인중개사에 대한 행정제재처분의 부과와 집행의 업무를 할 수 있다.
⑤ 협회는 부동산 정보제공에 관한 업무를 직접 수행할 수 없다.

07 공인중개사협회에 관한 설명으로 **틀린** 것은?

① 시험시행기관장은 공인중개사시험의 시행에 관한 업무를 공기업·준정부기관 또는 협회에 위탁할 수 있다.
② 협회는 법인으로 한다.
③ 회원 300인 이상이 발기인이 되어 정관을 작성하고 창립총회의 의결을 거친 후 국토교통부장관의 인가를 받아 성립한다.
④ 협회는 비영리사업으로서 회원 간의 상호부조를 목적으로 공제사업을 할 수 있다.
⑤ 협회는 공제사업을 다른 회계와 구분하여 별도의 회계로 관리해야 한다.

08 공인중개사법령상 공인중개사협회의 공제사업 및 운영위원회에 관한 설명으로 옳은 것을 모두 고른 것은?

> ㉠ 운영위원회에는 위원장과 부위원장 각각 1명을 두되, 위원장 및 부위원장은 위원 중에서 각각 호선한다.
> ㉡ 협회의 회장 및 협회 이사회가 협회의 임원 중에서 선임하는 사람이 전체 위원 수의 3분의 1 미만으로 한다.
> ㉢ 운영위원회의 회의는 재적위원 과반수의 찬성으로 심의사항을 의결한다.
> ㉣ 협회와 개업공인중개사 간에 체결된 공제계약이 유효하게 성립하려면 공제계약 당시에 공제사고의 발생 여부가 확정되어 있지 않은 것을 대상으로 해야 한다.

① ㉠, ㉡   ② ㉢, ㉣   ③ ㉠, ㉡, ㉣
④ ㉡, ㉢, ㉣   ⑤ ㉠, ㉡, ㉢, ㉣

09 공제사업에 관한 사항을 심의하고 그 업무집행을 감독하기 위하여 협회에 운영위원회를 두어야 하며, 위원은 19명 이내로 구성한다.   ( )

정답 및 해설

1. (○)
2. (×) [해설] 책임준비금의 적립비율은 100분의 10 이상, 지급여력비율을 100분의 100 이상이다.
3. (○)   4. (○)
5. ① [해설] ② 서울특별시에서는 100인 이상의 회원이 필요하다. ③ 시·도에 지부를, 시·군·구에 지회를 둘 수 있다. ④ 지체 없이 보고하여야 한다. ⑤ 국토교통부장관에게 설립 인가를 받아서 등기를 하여야 한다. 즉 허가 (×)
6. ③ [해설] ① 비영리 ② 국토교통부장관 ④ 할 수 없다. ⑤ 고유업무로 할 수 있다.
7. ③ [해설] 국토교통부장관의 인가를 받아 등기함으로써 성립한다.
8. ③ [해설] ㉢ 회의는 재적위원 과반수의 출석으로 개의하고, 출석위원 과반수의 찬성으로 심의사항을 의결한다.
9. (○)

| 테마 26 | 개업공인중개사 등의 교육제도 |

━━━━━━━ 핵심포인트 ━━━━━━━

1. 실무교육

(1) **교육내용**: 개업공인중개사 및 소속공인중개사의 **직무수행에 필요한 법률지식**, 부동산 중개 및 경영 실무, 직업윤리 등

(2) **교육시간**: 28시간 이상 ~ 32시간 이하

(3) **실시권자**: 시·도지사

(4) **시기**: 등록신청일(분사무소는 신고일) **전 1년 이내**

> ※ **개업공인중개사**: **폐업신고 후 1년 이내**에 재등록시 (×)
> ※ **소속공인중개사**: 고용관계 **종료 신고 후 1년 이내**에 재취업 또는 등록을 신청하는 경우 (×)

(5) **실무교육 대상자**

> ① 중개사무소 개설등록을 하고자 하는 자
> ② 법인의 사원·임원 전원이 대상
> ③ 분사무소의 책임자
> ④ 소속공인중개사(고용신고일 전 1년 이내)

※ 공인중개사가 아닌 임원 또는 사원이라도 실무교육을 받아야 한다.

2. 연수교육

(1) **실시권자**: 시·도지사

(2) **대상**: 실무교육을 받은 개업공인중개사 및 소속공인중개사

(3) **내용**: 부동산중개 관련 **법·제도의 변경사항**, 부동산 중개 및 경영 실무, 직업윤리 등

(4) **기간 및 통지**: 실무교육 또는 연수교육을 받은 후 **2년이 되기 2개월** 전까지 **"대상자"에게 통지**

(5) **교육시간**: 12시간 이상 ~ 16시간 이하

(6) **위반**: 500만원 이하의 과태료

3. 직무교육

(1) **실시권자**: 시·도지사, **등록관청**

(2) **교육내용**: 중개보조원의 직무수행에 필요한 **직업윤리 등**

(3) **대상**: 중개보조원. 단, 고용관계 종료 **신고 후 1년 이내에 재취업 (×)**

(4) **교육시간**: 3시간 이상 ~ 4시간 이하

4. 예방교육 **임의 교육**

(1) **실시권자: 국토교통부장관, 시·도지사 및 등록관청**

(2) **대상**: 개업공인중개사 등(중개업 종사자 모두)

(3) **통지**: 교육일 **10일 전까지** 교육일시·교육장소 및 교육내용, 그 밖에 교육에 필요한 사항을 **공고 또는 대상자에 통지**

(4) 예방교육을 받는 경우에 필요한 **비용을 지원할 수 있다.**

5. 교육의 지침

국토교통부장관은 시·도지사가 실시하는 실무교육, 직무교육 및 연수교육의 전국적인 균형유지를 위하여 필요하다고 인정하면 해당 **교육의 지침**을 마련하여 시행할 수 있다.

=========== **대표문제 및 빈출지문 정리** ===========

01 법인의 경우에는 사원·임원과 분사무소의 책임자는 실무교육대상이다. (   )

02 실무교육시간은 28시간 이상 32시간 이하, 연수교육시간은 12시간 이상 16시간 이하, 직무교육시간은 3시간 이상 4시간 이하이다. (   )

03 실무교육에는 직무수행에 필요한 법률지식, 부동산 중개 및 경영 실무, 직업윤리 등이, 연수교육에는 부동산 중개 관련 법·제도의 변경사항 등이 포함된다. (   )

04 국토교통부장관, 시·도지사, 등록관청은 개업공인중개사 등에 대한 부동산거래사고 예방 등의 교육을 위하여 교육 관련 연구에 필요한 비용을 지원할 수 있다. (   )

05 공인중개사법령상 개업공인중개사 등의 교육에 관한 설명으로 틀린 것은?

① 중개사무소의 개설등록을 신청하려는 공인중개사는 28시간 이상 32시간 이하의 실무교육을 받아야 한다.

② 폐업신고 후 1년 이내에 중개사무소의 개설등록을 다시 신청하려는 자는 실무교육이 면제된다.

③ 공인중개사가 중개사무소의 개설등록을 신청하려는 경우, 등록신청일 전 1년 이내에 법인인 개업공인중개사가 실시하는 실무교육을 받아야 한다.

④ 시·도지사는 연수교육을 실시하려는 경우 실무교육 또는 연수교육을 받은 후 2년이 되기 2개월 전까지 연수교육의 일시·장소·내용 등을 대상자에게 통지하여야 한다.

⑤ 분사무소 설치신고의 경우에는 그 분사무소의 책임자가 그 신고일 전 1년 이내에 실무교육을 받아야 한다.

정답 및 해설

1. (○)   2. (○)   3. (○)   4. (○)
5. ③ [해설] 시·도지사가 실시한다.

테마 27 ▶ 행정 수수료 – 조례

━━━ **핵심포인트** ━━━

1. 수수료 납부

다음은 지방자치단체의 **조례**로 정하는 바에 따라 수수료를 납부하여야 한다.

> 1. 공인중개사자격시험에 응시하는 자
> 2. 공인중개사 자격증의 재교부를 신청하는 자
> 3. 중개사무소의 개설등록을 신청하는 자
> 4. 중개사무소 등록증의 재교부를 신청하는 자
> 5. 분사무소설치의 신고를 하는 자
> 6. 분사무소설치 신고확인서의 재교부를 신청하는 자

2. 기타

① 공인중개사자격시험 또는 공인중개사 자격증 재교부업무를 위탁한 경우에는 해당 업무를 위탁받은 자가 **위탁한 자의 승인**을 얻어 결정·공고하는 수수료를 각각 납부하여야 한다.

② 공인중개사자격시험을 국토교통부장관이 시행하는 경우는 **국토교통부장관이 결정·공고**하는 수수료를 납부하여야 한다.

=== 대표문제 및 빈출지문 정리 ===

01 공인중개사법령상 조례가 정하는 바에 따라 수수료를 납부해야 하는 경우를 모두 고른 것은?

> ㉠ 분사무소설치 신고확인서의 재교부 신청
> ㉡ 국토교통부장관이 시행하는 공인중개사 자격시험 응시
> ㉢ 중개사무소의 개설등록 신청
> ㉣ 분사무소설치의 신고

① ㉠, ㉡   ② ㉠, ㉡, ㉣   ③ ㉠, ㉢, ㉣
④ ㉡, ㉢, ㉣   ⑤ ㉠, ㉡, ㉢, ㉣

02 공인중개사법령상 수수료납부 대상자에 해당하는 것은 모두 몇 개인가?

> ㉠ 분사무소설치의 신고를 하는 자
> ㉡ 중개사무소의 개설등록을 신청하는 자
> ㉢ 중개사무소의 휴업을 신고하는 자
> ㉣ 중개사무소등록증의 재교부를 신청하는 자
> ㉤ 공인중개사 자격시험에 합격하여 공인중개사 자격증을 처음으로 교부받는 자

① 1개   ② 2개   ③ 3개
④ 4개   ⑤ 5개

03 시험시행기관장은 시험의 시행에 관한 업무를 공기업, 준정부기관 또는 협회 또는 부동산 관련 학과가 개설된 학교에 위탁할 수 있다.   (   )

04 공인중개사자격시험을 국토교통부장관이 시행하는 경우 조례가 정하는 바에 따라 수수료를 납부하여야 한다.   (   )

정답 및 해설

1. ③ [해설] ㉡ 국토교통부장관이 결정·공고하는 수수료
2. ③ [해설] ㉢㉤은 수수료 대상이 아니다.
3. (×) [해설] 부동산 관련 학과가 개설된 학교에는 위탁할 수 없다.
4. (×) [해설] 국토교통부장관이 결정·공고하는 수수료를 납부하여야 한다.

테마 28 포상금

━━━━ 핵심포인트 ━━━━

1. 등록관청은 다음에 해당하는 자를 등록관청, 수사기관이나 부동산거래질서교란행위 신고센터 (한국부동산원)에 신고 또는 고발한 자에 대하여 포상금을 지급할 수 있다.

2. 포상금 사유 〈★ 부.양.무 - 시.체.방 - 표시〉

1. 거짓이나 그 밖의 부정한 방법으로 중개사무소의 개설등록을 한 자 - **(부정등록자)**
2. 중개사무소등록증 또는 공인중개사 자격증을 다른 사람에게 양도·대여하거나 다른 사람으로부터 양수·대여받은 자 - **(양)**
3. 중개사무소의 개설등록을 하지 아니하고 중개업을 한 자 - **(무등록업자)**
4. **법 제33조 제1항 제8호**: 부당한 이익을 얻거나 제3자에게 부당한 이익을 얻게 할 목적으로 거짓으로 거래가 완료된 것처럼 꾸미는 등 중개대상물의 시세에 부당한 영향을 주거나 줄 우려가 있는 행위 - **(시)**
5. **법 제33조 제1항 제9호**: 단체를 구성하여 특정 중개대상물에 대하여 중개를 제한하거나 단체 구성원 이외의 자와 공동중개를 제한하는 행위 - **(체)**
6. **법 제33조 제2항**: 누구든지 시세에 부당한 영향을 줄 목적으로 안내문 등을 이용하여 개업공인중개사 등의 업무를 방해한 자 - **(방)**
7. 개업공인중개사가 아닌 자가 표시·광고를 한 경우 - **(표시)**

3. 지급 절차

(1) **포상금지급**: 등록관청

(2) **처분내용 조회**: **검사의 공소제기 또는 기소유예 결정에 한하여** 지급한다.

※ **유·무죄** 판결과 무관하게 지급한다.

※ 무혐의 불기소처분은 지급 (×)

(3) **포상금 지급**

> ① **지급권자: 등록관청**
> ② 1건당 50만원(예산의 범위 안에서 지급, 국고에서 50/100 내 보조 가능)
> ③ 지급 결정일부터 **1개월** 이내에 지급
> ④ 하나의 사건에 대하여 **2인 이상이 공동**으로 신고 또는 고발한 경우 포상금을 균등 배분 지급 ⇨ 합의된 경우는 그에 따라 지급
> ⑤ 하나의 사건에 대하여 **2건 이상**의 신고 또는 고발이 접수된 경우 최초로 신고 또는 고발한 자에게 포상금을 지급

■■■■■ 대표문제 및 빈출지문 정리 ■■■■■

01 개업공인중개사가 부당표시·광고를 신고한 경우는 포상금사유가 아니다. ( )

02 2중등록금지 및 2중소속금지 위반을 신고한 경우는 포상금사유가 아니다. ( )

03 중개대상물 매매업, 중개보수 초과수수, 직접거래, 쌍방대리 행위를 신고한 경우는 포상금 지급사유에 해당된다. ( )

04 공인중개사법령상 포상금제도에 관한 설명으로 옳은 것은?

① 부정한 방법으로 중개사무소의 개설등록을 한 개업공인중개사를 신고하더라도 포상금의 지급대상이 아니다.
② 포상금은 해당 신고사건에 관하여 검사가 불기소처분을 한 경우에도 지급한다.
③ 포상금의 지급에 소요되는 비용은 그 전부 또는 일부를 국고에서 보조할 수 있다.
④ 하나의 사건에 대하여 2건 이상의 신고가 접수된 경우 포상금은 균분하여 지급한다.
⑤ 등록관청은 포상금의 지급결정일부터 1개월 이내에 포상금을 지급해야 한다.

05 공인중개사법령상 甲과 乙이 받을 수 있는 포상금의 최대 금액은?

> ㉠ 甲은 중개사무소를 부정한 방법으로 개설등록한 A와 B를 각각 고발하였으며, 검사는 A를 공소제기하였고, B를 무혐의처분하였다.
> ㉡ 乙은 중개사무소를 부정한 방법으로 개설등록한 C를 신고하였으며, C는 형사재판에서 무죄판결을 받았다.
> ㉢ 甲과 乙은 포상금배분에 관한 합의 없이 중개사무소등록증을 대여한 D를 공동으로 고발하여 D는 기소유예의 처분을 받았다.
> ㉣ 중개사무소의 개설등록을 하지 않고 중개업을 하는 E를 乙이 신고한 이후에 甲도 E를 신고하였고, E는 형사재판에서 유죄판결을 받았다.
> ㉤ A, B, C, D, E는 甲 또는 乙의 위 신고·고발 전에 행정기관에 의해 발각되지 않았다.

① 甲: 75만원, 乙: 50만원 ② 甲: 75만원, 乙: 75만원
③ 甲: 75만원, 乙: 125만원 ④ 甲: 125만원, 乙: 75만원
⑤ 甲: 125만원, 乙: 125만원

┃ 정답 및 해설

1. (○)   2. (○)
3. (×) [해설] 포상금 사유에 해당되지 않는다.
4. ⑤ [해설] ① 대상이다. ② 공소제기 또는 기소유예에 한하여 지급하며, 불기소처분시는 지급하지 않는다. ③ 국고에서 50/100 내 보조 가능 ④ 최초 신고자
5. ③ [해설] 甲은 ㉠ 50만원 ㉡ 乙은 50만원 ㉢ 甲과 乙은 각25만원 ㉣ 乙은 50만원

테마 29 행정처분 – 자격취소

■■■■■ 핵심포인트 ■■■■■

1. 자격취소사유

① 부정한 방법으로 공인중개사의 자격을 취득한 경우
② 다른 사람에게 자기의 성명을 사용하여 중개업무를 하게 하거나 자격증을 양도 또는 대여한 경우
③ 소속공인중개사가 그 **자격정지 기간 중**에 중개업무를 하거나 2중소속한 경우
④ **이 법** +「**형법**」**상 공인중개사 업무 관련** 사기, 사문서 위조 · 변조 및 횡령 · 배임죄로 금고 또는 징역형을(집행유예 포함) 선고받은 경우
※ 금고형이나 징역형의 **선고유예**를 받은 경우 ⇨ 자격취소 (×)

2. 절차 및 효과

① **자격취소권자**: 교부한 시 · 도지사
② 사전에 청문을 거쳐야 한다. ⇨ 위반한 취소처분은 무효이다.
③ **자격취소의 효과**

> ㉠ **7일** 이내에 자격증을 교부한 시 · 도지사에 자격증을 반납하여야 한다. 분실 등의 경우는 사유서를 시 · 도지사에게 제출하여야 한다. ⇨ **위반 : 100만원 이하의 과태료**
> ㉡ **3년간**: 자격취득 및 중개업 종사 불가함.
> ㉢ 시 · 도지사는 **5일 이내**에 국토교통부장관 보고 및 다른 시 · 도지사에게 통보

④ **자격증을 교부한 시 · 도지사와 공인중개사사무소의 관할 시 · 도지사가 서로 다른 경우**: 사무소의 소재지를 관할하는 시 · 도지사가 자격취소처분에 **필요한 절차(㉠ 청문)**를 모두 이행한 후 교부한 시 · 도지사에게 통보한다. ⇨ 즉, 자격취소는 **교부한 시 · 도지사**가 한다.

3. 결격 등 관련 내용

① **이 법 위반으로 300만원 이상 벌금형 선고받은 경우**: 결격사유가 되어 등록이 취소된다. 다만, 벌금형이므로 공인중개사 자격증은 취소되지 않는다.
② 개업공인중개사가 「교통사고처리 특례법」 위반으로 **징역 1년에 집행유예 2년을 선고**
　⇨ 징역, 금고형의 집행유예처분은 결격사유에 해당함으로 등록이 취소된다.
　⇨ 그러나 이 법과 중개업무 관련 「형법」 위반이 아니므로 자격은 취소되지 않는다.
③ 개업공인중개사가 중개업무와 관련하여 「형법」상 업무상의 횡령죄로 징역 1년에 대한 집행유예 2년을 선고받은 경우 ⇨ 자격이 취소된다.
　※ **위의 ①②③의 경우, 선고유예 처분을 받은 경우 등록취소도 자격취소도 안 된다.**

━━━━━ **대표문제 및 빈출지문 정리** ━━━━━

01 공인중개사가 자격정지처분을 받은 기간 중에 다른 법인인 개업공인중개사의 사원이 되는 경우 자격취소사유에 해당한다. ( )

02 공인중개사의 직무와 관련하여 「형법」상 범죄단체 등의 조직죄 위반으로 금고형을 선고받은 경우 자격이 취소된다. ( )

03 자격증을 교부한 시·도지사와 사무소의 관할 시·도지사가 서로 다른 경우, 자격증을 교부한 시·도지사가 자격취소처분을 한다. ( )

04 자격증재교부자, 자격취소권자, 취소된 자격증 반납 등은 모두 교부한 시·도지사가 된다. ( )

05 공인중개사법령상 공인중개사의 자격취소에 관한 설명으로 옳은 것은?
① 공인중개사 자격취소처분을 받은 개업공인중개사는 중개사무소의 소재지를 관할하는 시·도지사에게 공인중개사 자격증을 반납해야 한다.
② 부정한 방법으로 공인중개사의 자격을 취득한 경우 자격취소사유에 해당하며, 1년 이하의 징역 또는 1천만원 이하의 벌금에 처해진다.
③ 공인중개사가 폭행죄로 징역형을 선고받은 경우에는 자격취소사유가 된다.
④ 자격증을 교부한 시·도지사와 사무소의 소재지를 관할하는 시·도지사가 다른 경우, 자격증을 교부한 시·도지사가 자격취소처분에 필요한 절차를 이행한다.
⑤ 소속공인중개사가 자격정지처분을 받고 그 정지기간 중에 다른 개업공인중개사의 소속공인중개사가 된 경우 자격취소사유가 된다.

│정답 및 해설│
───
1. (○)　　2. (○)　　3. (○)　　4. (○)
5. ⑤ [해설] ① 교부한 시·도지사 ② 자격취소만 될 뿐, 이 법은 형벌에 대한 처벌규정이 없다. ③ 폭행죄로는 취소되지 않는다. ④ 중개사무소를 관할하는 시·도지사

테마 30 | 행정처분 – 자격정지

━━━ 핵심포인트 ━━━

시·도지사는 소속공인중개사가 다음의 경우, 6개월의 범위 안에서 기간을 정하여 그 사격을 정지할 수 있다. ⇨ 대상: 소속공인중개사

1. 자격정지사유

1. 2 이상의 중개사무소에 소속된 경우
2. 인장등록을 하지 아니하거나 등록하지 아니한 인장을 사용한 경우
3. 성실·정확하게 중개대상물의 확인·설명을 하지 아니하거나 설명의 근거자료를 제시하지 아니한 경우
4. 중개대상물 확인·설명서에 서명·날인을 하지 아니한 경우
5. 거래계약서에 서명·날인을 하지 아니한 경우
6. 거래계약서에 거래금액 등 거래내용을 거짓으로 기재하거나 서로 다른 2 이상의 거래계약서를 작성한 경우
7. 법 제33조 제1항의 금지행위를 한 경우 ⇨ 〈★ 기.수.매.무 – 관.직.쌍.투.시.체〉

2. 기타 관련 내용

① 자격정지처분 전에 **의견제출 기회**를 주어야 한다(청문대상이 아니다).
② **자격정지처분권자: 교부**한 시·도지사
③ 자격증을 교부한 시·도지사와 사무소의 관할 시·도지사가 서로 다른 경우에는 사무소의 관할 시·도지사가 자격정지처분에 절차를 모두 이행한 후 자격증을 교부한 시·도지사에게 통보하여야 한다.
④ **등록관청**은 자격정지사유에 해당하는 사실을 알게 된 때에는 지체 없이 시·도지사에게 통보한다.
⑤ **자격정지기간 동안 결격**이며, 자격증은 **반납하지 않는다.**
⑥ **자격정지의 기준**: 시·도지사는 위반행위의 동기·결과 및 횟수 등을 참작하여 자격정지기간의 **2분의 1의 범위** 안에서 가중 또는 경감할 수 있다. 이 경우 가중하여 처분하는 때에도 자격정지 기간은 **6개월을 초과할 수 없다.**

3. 정지 기준 〈★ 확.인.서(3개월)〉

6개월	2중계약서, 2중사무소, 제33조 금지행위 위반
3개월	확인·설명 또는 확인·설명서 서명·날인, 인장위반, 거래계약서 서명·날인 위반

━━━━━ 대표문제 및 빈출지문 정리 ━━━━━

01 자격취소와 자격정지 비교

구분	자격취소	자격정지
처분권자	교부한 시·도지사	(①)
대상	개업공인중개사, 공인중개사, 소속공인중개사 ⇨ 자격자 모두	소속공인중개사만 대상
절차	청문	의견 제출
자격증 반납	(②) 이내에 반납	반납 (×)
결격 기간	3년	단, 그 기간만 결격
보고, 통보	5일 이내에 국토교통부장관, 다른 시·도지사	제도 (×)
가중처벌	(×)	정지기간 중 중개업무 ⇨ (③)사유

02 공인중개사법령상 공인중개사 자격정지의 절차에 관한 설명으로 옳은 것은?

① 등록관청은 공인중개사가 자격정지처분사유에 해당하는 사실을 알게 된 때에는 지체 없이 그 사실을 시·도지사에게 통보해야 한다.
② 시·도지사는 공인중개사의 자격을 정지하고자 하는 경우에는 청문을 실시해야 한다.
③ 중개대상물 확인·설명서를 교부하지 아니한 경우는 자격정지사유에 해당한다.
④ 전속중개계약서에 의하지 아니하고 전속중개계약을 체결한 경우는 자격정지사유에 해당한다.
⑤ 중개의뢰인에게 중개대상물의 확인·설명하는 경우, 등기사항증명서 등 확인·설명의 근거자료를 제시하지 않은 경우는 자격정지사유가 아니다.

정답 및 해설

1. ㉠ (교부한 시·도지사), ㉡ (7일), ㉢ (자격취소)
2. ① [해설] ② 청문 (×) ③④ 소속공인중개사의 의무가 아니므로 제재가 없다. ⑤ 자격사유에 해당된다.

| 테마 31 | 행정처분 – 절대적 등록취소 |

━━━ 핵심포인트 ━━━

등록관청은 개업공인중개사가 다음의 경우에는 중개사무소의 개설등록을 **취소하여야 한다.**

1. 절대적 등록취소사유 ⇨ ⟨★ 최근 – 양.이.사 – 업무 – 5배 – 부. 결⟩!

① **최근** 1년 이내에 **2회 이상의 업무정지** 받고 + 다시 업무정지 위반한 경우
② 타인에게 성명·상호 사용 + **등록증 양도 또는 대여**
③ **이중소속**
④ **이중등록**
⑤ **사망, 해산**
⑥ **업무정지 기간** 중 중개업하거나 자격정지 기간 중인 소속공인중개사에게 업무를 하게 함.
⑦ 5배 초과하여 중개보조원을 고용한 경우
⑧ **부정 기타 거짓으로** 등록한 경우
⑨ **결격사유가 발생한 경우. 단, 법인은 해당 사원·임원을 2개월 이내 해소한 때** (×)

2. 기타 내용

① 등록이 취소되면 **3년간** 결격이다. 따라서, 중개업에 종사할 수 없다.
② 중개법인의 사원·임원이 1인만 결격이어도 법인 자체가 결격으로 등록취소된다.
　⇨ 단, 해당 사원·임원을 2개월 이내 해소할 경우는 그렇지 않다.
　[주의] 고용인이 결격이면 2개월 이내 해소하여야 한다. 이에 위반시 업무정지
③ 등록이 취소되면 등록증을 등록관청에 **7일** 이내에 반납하여야 한다.
　※ **자격취소는 자격증을 교부한 시·도지사에게 7일 이내에 반납** ⇨ **위반시 과태료 100만원**
④ 중개법인 해산한 경우는 법인의 대표자이었던 자가 **7일 이내** 등록관청에 반납한다.
⑤ **등록취소, 휴업·폐업신고, 종별변경** 등도 등록증을 반납하여야 한다.
⑥ 자격정지처분과 업무정지처분을 받은 경우는 등록증을 반납하지 않는다.

━━━━━ **대표문제 및 빈출지문 정리** ━━━━━

01 중개사무소 개설등록을 반드시 취소해야 하는 사유가 <u>아닌</u> 것을 모두 고른 것은?

> ㉠ 자격정지처분을 받은 소속공인중개사로 하여금 자격정지기간 중에 중개업무를 하게 한 경우
> ㉡ 거래계약서에 거래금액을 거짓으로 기재한 경우
> ㉢ 개인인 개업공인중개사가 사망한 경우
> ㉣ 증여의 명목으로 법령이 정한 수수료 또는 실비를 초과하는 금품을 받은 경우
> ㉤ 탈세를 목적으로 미등기 부동산의 매매를 중개하는 등 부동산 투기를 조장한 경우

① ㉠, ㉡, ㉤   ② ㉠, ㉢, ㉣   ③ ㉡, ㉣, ㉤
④ ㉠, ㉢, ㉣, ㉤   ⑤ ㉡, ㉢, ㉣, ㉤

02 다음 중 중개사무소의 개설등록을 반드시 취소해야 하는 경우가 <u>아닌</u> 것은?
① 개업공인중개사가 이 법에 의한 손해배상책임을 보장하기 위한 조치를 이행하지 아니하고 업무를 개시한 경우
② 개업공인중개사인 법인이 해산한 경우
③ 개업공인중개사가 다른 사람에게 자기의 상호를 사용하여 중개업무를 하게 한 경우
④ 개업공인중개사가 다른 개업공인중개사인 법인의 임원이 된 경우
⑤ 개업공인중개사가 최근 1년 이내에 이 법에 의하여 2회 이상 업무정지처분을 받고 다시 업무정지처분에 해당하는 행위를 한 경우

03 등록관청이 다음 사유를 인지하였다면 공인중개사인 개업공인중개사 甲의 중개사무소 개설등록을 취소하여야 하는 경우에 해당하지 <u>않는</u> 것은?
① 甲이 2024년 5월 12일에 사망한 경우
② 공인중개사법령을 위반한 甲에게 2024년 5월 12일에 400만원의 벌금형이 선고되어 확정된 경우
③ 甲이 2024년 5월 12일에 배임죄로 징역 1년, 집행유예 1년 6개월이 선고되어 확정된 경우
④ 甲이 최근 1년 이내에 공인중개사법령을 위반하여 1회 업무정지처분, 2회 과태료처분을 받고 다시 업무정지처분에 해당하는 행위를 한 경우
⑤ 甲이 2024년 5월 12일에 다른 사람에게 자기의 상호를 사용하여 중개업무를 하게 한 경우

> **┃정답 및 해설┃**
>
> 1. ③ [해설] ㉡㉣㉤은 임의적 등록취소
> 2. ① [해설] 임의적 등록취소사유
> 3. ④ [해설] 최근 1년 이내 3회 이상 업무정지 또는 과태료 처분 받고, 다시 업무정지 또는 과태료 행위에 해당하는 경우는 임의적 등록취소사유이다.

테마 32 행정처분 – 임의적 등록취소

━━━ **핵심포인트** ━━━

1. 임의적 동록취소사유 ⇨ 〈★ 임.금.겸업 – 미.달.이 – 6.보.전〉!

① **금지행위**를 위반한 경우
② **법인이 겸업**을 위반한 경우(**예** 분양대행 등)
③ **등록기준에 미달**하게 된 경우(**예** 법인의 자본금 5천만원 이상 등)

④ 2 이상의 중개사무소를 둔 경우
⑤ 임시 중개시설물을 설치한 경우(**예** 가설물, 파라솔 및 의자 등)
⑥ 서로 다른 2 이상의 거래계약서를 작성한 경우

⑦ 무단 **6개월**을 초과하여 휴업한 경우
⑧ 손해배상책임을 보장하기 위한 **보증**설정을 하지 않고 업무를 개시한 경우
⑨ **전속중개계약시** 정보 공개위반
⑩ 최근 1년 이내 **3회 이상 업·정 또는 과태료** 처분 받고 + 다시 업·정 또는 과태료 행위
⑪ 사업자단체나 구성원이 「독점규제법」 위반으로 행위중지 등을 **최근 2년 이내에 2회 이상** 받은 경우

2. 기타 관련 내용

① 등록취소처분을 받은 날부터 **7일 이내**에 등록관청에 등록증을 반납하여야 한다.
   ※ 단, 자격정지, 업무정지처분의 경우는 등록증을 반납하지 않는다.
② 임의적 등록취소는 **업무정지로 대체**하여 처벌할 수 있다.
   ※ 업무정지에 해당하는 개업공인중개사를 등록취소로 대체하여 처벌은 불가
③ 중개보조원·무등록업자는 행정처분의 대상이 될 수 없다.

■■■■■■ 대표문제 및 빈출지문 정리 ■■■■■■

01 최근 1년 이내에 이 법에 의하여 3회 이상 업무정지 또는 과태료의 처분을 받고 다시 업무정지 또는 과태료 처분에 해당하는 행위를 한 경우는 임의적 등록취소사유이다. 다만, 절대적 등록취소사유에 해당되면 제외한다. ( )

02 등록관청은 다음 달 10일까지 협회 통보사항이다. ( )

03 법인인 개업공인중개사가 토지 매매업 또는 이사업체 운영 또는 자본금 5천만원에 미달한 경우는 모두 임의적 등록취소사유에 해당된다. ( )

04 공인중개사법령상 개업공인중개사의 다음 행위 중 중개사무소 개설등록을 반드시 취소해야 하는 것은?

① 중개의뢰인과 직접 거래를 한 경우
② 업무정지기간 중에 중개업무를 한 경우
③ 동일 건에 대하여 서로 다른 2 이상의 거래계약서를 작성한 경우
④ 중개대상물의 매매를 업으로 하는 행위를 한 경우
⑤ 이동이 용이한 임시 중개시설물을 설치한 경우

05 공인중개사법령상 개업공인중개사의 사유로 중개사무소 개설등록을 취소할 수 있는 경우가 아닌 것은?

① 중개사무소 등록기준에 미달하게 된 경우
② 국토교통부령이 정하는 전속중개계약서에 의하지 아니하고 전속중개계약을 체결한 경우
③ 이동이 용이한 임시 중개시설물을 설치한 경우
④ 대통령령으로 정하는 부득이한 사유가 없음에도 계속하여 6개월을 초과하여 휴업한 경우
⑤ 손해배상책임을 보장하기 위한 조치를 이행하지 아니하고 업무를 개시한 경우

정답 및 해설

1. (○)　　2. (○)　　3. (○)
4. ② [해설] ①③④⑤는 임의적 등록취소사유
5. ② [해설] 업무정지사유

테마 33 행정처분 – 업무정지

━━━ 핵심포인트 ━━━

등록관청은 개업공인중개사가 다음의 경우, **6개월의 범위** 안에서 업무의 정지를 명할 수 있다.
※ 법인인 개업공인중개사는 **법인 또는 분사무소별로 업무의 정지**를 명할 수 있다.

1. 업무정지사유 ⇨ 〈★ 서.인.교(존) – 임.기.중 – 2회 – 망〉했다!

---

① **거래계약서**: **서명** 및 날인, 거래계약서 **교부** 및 5년 **보존**
② **확인·설명서**: **서명** 및 날인, 확인·설명서 **교부** 및 3년 **보존**
　　주의 확인·설명 위반 – 500만원 이하의 과태료
③ **전속중개계약서**: 미사용, 전속중개계약서 3년 미**보존**
④ 인장 미등록 또는 미등록 **인장** 사용

---

⑤ **임의적 등록취소사유** ⇨ 업무정지로 대체 가능
⑥ **(기타)** 그 밖에 이 법 또는 이 법에 의한 명령에 위반한 경우
　　⬑ **절대적 등록취소, 과태료**는 **제외**
⑦ **중개**인이 업무지역 위반
⑧ **최근 1년 내에** 2회 이상 업무정지 또는 과태료 ⇨ 다시 **과태료** 위반행위
⑨ 거래**정보망**에 거짓공개 또는 거래사실 미통보
⑩ 고용인의 결격사유 발생(단, 2개월 내 해소하면 ×)
⑪ 개업공인중개사가 지도·감독상 명령 위반
⑫ 「독점규제법」 위반으로 행위중지, 시정명령, 과징금을 받은 경우

---

2. 기타 관련 내용

① 업무정지처분은 재량사항이다. ⇨ 사전에 **의견진술** 기회 부여
② **처분권자**: 등록관청
③ 업무정지처분 받고 바로 폐업 가능 ⇨ **단, 그 기간 동안**은 결격사유이다.
④ 등록관청은 위반행위의 동기·결과 및 횟수 등을 참작하여 업무정지기간의 **2분의 1의 범위** 안에서 가중 또는 감경할 수 있다. 가중시에도 **6개월을 초과할 수 없다**.
⑤ 등록증 반납 (×)
⑥ **소멸시효**: 사유가 발생한 날부터 **3년이 경과**한 때에는 이를 할 수 없다.
　　주의 자격취소, 등록취소 등 다른 행정처분에는 규정이 없다.
⑦ 등록관청은 다음 달 10일까지 협회 통보사항이다.
⑧ 업무정지처분 기간 중인 사무소에 공동사무소 설치는 불가능하다.
⑨ **간판**을 **철거할 의무가 없다.**

━━━━━ **대표문제 및 빈출지문 정리** ━━━━━

01 개업공인중개사가 중개보수를 초과해서 받은 경우 또는 중개의뢰인과 직접거래한 경우에 업무정지처분을 할 수 있다. ( )

02 다음 중 개업공인중개사에 대한 업무정지에 관한 설명 중 옳은 것은?

① 광역시장은 업무정지기간의 2분의 1 범위 안에서 가중할 수 있다.

② 업무정지기간을 가중 처분하는 경우, 그 기간은 9개월을 한도로 한다.

③ 최근 1년 이내에 이 법에 의하여 2회 이상 업무정지처분을 받은 개업공인중개사가 다시 업무정지처분에 해당하는 행위를 한 경우, 6개월의 업무정지처분을 받을 수 있다.

④ 업무정지처분은 해당 사유가 발생한 날부터 2년이 된 때에는 이를 할 수 없다.

⑤ 법인인 개업공인중개사가 최근 1년 이내에 겸업금지 규정을 1회 위반한 경우는 업무정지처분사유이다.

03 공인중개사법령상 개업공인중개사의 업무정지사유인 동시에 중개행위를 한 소속공인중개사의 자격정지사유에 해당하는 것은?

① 최근 1년 이내에 「공인중개사법」에 의하여 2회 이상 업무정지처분을 받고 다시 과태료의 처분에 해당하는 행위를 한 경우

② 거래계약서 사본을 보존기간 동안 보존하지 아니한 경우

③ 거래계약서를 작성·교부하지 아니한 경우

④ 중개대상물 확인·설명서에 서명 및 날인을 하지 아니한 경우

⑤ 중개대상물 확인·설명서를 교부하지 아니한 경우

▌**정답 및 해설**

1. (○)

2. ⑤ [해설] ① 시·군·구청장 ② 6개월 ③ 절대적 등록취소 ④ 3년 ⑤ 임취에 해당하는 위법행위를 1년 이내에 1회 위반시에는 업무정지로 대체 가능하다.

3. ④ [해설] ① 자격정지사유와는 관련 없다. ②③⑤는 개업공인중개사만의 의무이다.

테마 34 | 재등록 개업공인중개사의 위반행위 및 효과 승계

━━━━━ **핵심포인트** ━━━━━

폐업신고 후 다시 등록을 한 때에는 **폐업신고 전**의 개업공인중개사의 지위를 승계한다.

1. 폐업 전 지위 승계

① **처분효과**: 폐업신고 전의 업무정지, 과태료 처분의 효과는 그 **처분일부터 1년간 승계**

② **위반행위**

> ㉠ **등록취소사유**: **폐업기간이 3년을 초과한 경우**에는 **승계 불가**하다.
>
> 〔주의〕 결격기간은 등록취소로 인한 3년에서 폐업기간을 공제한다.
>
> ㉡ **업무정지 사유**: **폐업기간이 1년을 초과한 경우**에는 **승계 불가**하다.
>
> 〔주의〕 소멸시효와 구별: 업무정지 사유가 발생한 날로부터 3년이 경과한 때에는 이를 할 수가 없다.

2. 승계 기간 | ⍁ 처분 ⇨ 처분(등) / 위반 ⇨ 폐업(등)

구분		처분 내용	승계기간
1. 처분 효과 승계		㉠ 업무정지처분	처분일로부터 − 1년 이내
		㉡ 과태료처분	처분일로부터 − 1년 이내
2. 위반행위 승계		㉠ 등록취소사유	폐업기간 − 3년 이내
		㉡ 업무정지사유	폐업기간 − 1년 이내

3. 행정처분을 함에 있어서는 **폐업기간과 폐업의 사유 등을 고려**하여야 한다.

4. 중개법인의 대표자에 관하여 **개업공인중개사의 행정제재 처분 효과의 승계규정**을 준용한다. 그리고 **"개업공인중개사"**는 **"법인의 대표자"**로 본다.

━━━━ 대표문제 및 빈출지문 정리 ━━━━

01 폐업기간이 18개월인 재등록 개업공인중개사에게 폐업신고 전의 업무정지사유에 해당하는 위반행위에 대하여 업무정지처분을 할 수 없다. ( )

02 폐업신고 전에 개업공인중개사에게 한 과태료부과처분의 효과는 그 처분일부터 11개월 된 때에 재등록을 한 개업공인중개사에게 승계된다. ( )

03 개업공인중개사 甲, 乙, 丙에 대한 「공인중개사법」 제40조(행정제재처분효과의 승계 등)의 적용에 관한 설명으로 옳은 것을 모두 고른 것은?

> ㉠ 甲이 2023. 5. 16. 「공인중개사법」에 따른 과태료부과처분을 받았으나, 2023. 9. 16. 폐업신고를 하였다가 2024. 4. 15. 다시 중개사무소의 개설등록을 하였다면, 위 과태료부과처분의 효과는 승계된다.
> ㉡ 乙이 2022. 8. 1. 전속중개계약서에 의하지 않고 전속중개계약을 체결한 후, 2022. 9. 1. 폐업신고를 하였다가 2023. 10. 1. 다시 중개사무소의 개설등록을 하였다면, 등록관청은 업무정치처분을 할 수 있다.
> ㉢ 丙이 2021. 8. 5. 다른 사람에게 자기의 상호를 사용하여 중개업무를 하게 한 후, 2021. 9. 5. 폐업신고를 하였다가 2024. 11. 5. 다시 중개사무소의 개설등록을 하였다면, 등록관청은 개설등록을 취소해야 한다.

① ㉠   ② ㉠, ㉡   ③ ㉠, ㉢
④ ㉡, ㉢   ⑤ ㉠, ㉡, ㉢

정답 및 해설

1. (○)   2. (○)
3. ① [해설] ㉡ 1년이 지났으므로 업무정지 불가 ㉢ 2021년 9월 4일까지가 3년간 승계기간이다. 따라서 승계할 수 없어 처벌 불가하다.

테마 35 행정형벌

━━━━━ 핵심포인트 ━━━━━

1. 3년 이하의 징역 또는 3천만원 이하의 벌금

★ 허.무. 관.직.쌍.투. 시.체.방	① **허위 · 부정등록** ② **무등록업자** ③ **관련증서** 등 중개, 매매업 ④ **직접** 거래 ⑤ **쌍방**대리 ⑥ **투기**조장(미등기, 전매 제한부동산 중개 등) ⑦ **시세** 조작(부당한 이익) ⑧ **단체**구성(공동중개 제한 행위 등) ⑨ 개업공인중개사 등의 업무 **방해**

2. 1년 이하의 징역 또는 1천만 이하의 벌금

★ 양. 아.이.
5배
비.정.
 	
기.수.매.무
	① 타인에게 성명사용 등 자격증 **양도 · 대여**한 자 / **양수 · 대여받은 자**
	② 등록증을 다른 사람에게 **양도 · 대여**한 자 또는 양수 · 대여받은 자
	    ※ ①②를 **알선**한 자 포함
	③ 공인중개사 **아닌 자**가 "공인중개사 또는 이와 유사한 명칭을 사용한 자"
	④ 개업공인중개사가 **아닌 자**가 "공인중개사사무소", "부동산중개" 또는 이와 유사
	    명칭 사용
	⑤ 개업공인중개사가 **아닌 자**가 중개대상물에 대한 표시 · 광고를 한 자
	⑥ **2중**으로 등록한 자(절 · 취)
	⑦ **2중**으로 소속한 자(절 · 취, / 자 · 정)
	⑧ **2중**으로 중개사무소를 설치한 자(임 · 취)
	⑨ **임시** 중개시설물을 설치한 자(임 · 취)
	※ **2중계약서 작성은 행정형벌 제재가 없다(임 · 취사유일 뿐).**
	⑩ **5배수** 중개보조원을 초과 고용
	⑪ **비밀**을 누설한 자
	⑫ 거래**정보**사업자가 개 · 공 이외자의 정보공개, 다르게, 차별적 공개
	⑬ 금지행위: **기망, 보수 초과, 매매업, 무등록업자와 협력** 〈★ 기.수.매.무〉

3. 양벌규정

① 법인의 사원 · 임원, 고용인이 행정형벌 위반한 경우, 개업공인중개사는 **벌금형**을 받을 수 있다.
   🔺주의 **징역형**은 **불가**하다.
② 다만, 개업공인중개사가 상당한 주의와 감독을 다했으면 **벌금형**을 받지 않을 수 있다.
③ **양벌규정**으로 300만원 이상의 벌금형을 받은 경우, **결격이 아니므로 등록취소사유는 아니다.**

━━━ 대표문제 및 빈출지문 정리 ━━━

01 개업공인중개사는 양벌규정으로 징역형은 받지 않는다. ( )

02 고용인의 위반행위가 행정형벌이 아닌 과태료나 행정처분에 해당하는 경우는 양벌규정이 적용되지 않는다. ( )

03 공인중개사법령상 벌칙에 관한 설명으로 **틀린** 것은?
① 양벌규정은 소속공인중개사가 과태료 부과대상인 행위를 한 경우에도 적용된다.
② 등록관청의 관할 구역 안에 2 이상의 중개사무소를 둔 공인중개사인 개업공인중개사는 1년 이하의 징역 또는 1천만원 이하의 벌금에 처한다.
③ 벌금과 과태료는 병과할 수 없다.
④ 거래당사자 쌍방을 대리하는 행위를 한 개업공인중개사는 3년 이하의 징역 또는 3천만원 이하의 벌금에 처한다.
⑤ 개업공인중개사가 중개보조원의 위반행위로 양벌규정에 의하여 벌금형을 받은 경우는 이 법상 '벌금형의 선고를 받고 3년이 경과되지 아니한 자', 즉 결격사유에 해당하지 않는다.

04 다음 중 1년 이하의 징역 또는 1천만원 이하의 벌금형을 모두 고른 것은?

> ㉠ 공인중개사가 아닌 자로서 공인중개사 명칭을 사용한 자
> ㉡ 중개보조원을 5배수 초과 고용
> ㉢ 개업공인중개사로부터 공개를 의뢰받지 아니한 중개대상물의 정보를 부동산거래정보망에 공개한 거래정보사업자
> ㉣ 중개대상물의 부존재로 거래가 불가능한 중개대상물을 부당 표시·광고한 경우
> ㉤ 서로 다른 2중의 계약서를 작성한 경우

① 1개　　② 2개　　③ 3개　　④ 4개　　⑤ 모두

정답 및 해설

1. (○)　　2. (○)
3. ① [해설] 양벌규정은 사원·임원, 고용인이 3년 이하의 징역 또는 3천만원 이하의 벌금 또는 1년 이하의 징역 또는 1천만원 이하의 벌금형에 해당될 때 적용된다. 따라서 과태료 위반은 양벌규정과 관련 없다.
4. ③ [해설] ㉣ 500만원 이하의 과태료 ㉤ 임의적 등록취소일 뿐, 행정형벌사유가 아니다.

테마 36 **과태료**(질서벌)

━━━ **핵심포인트** ━━━

1. 500만원 이하

★ 정.통.협. 연.설.부. 고지	거래정보사업자	국·장	① 운영규정 제정, 변경 승인 (×), 위반 운영(지정취소) ② 지도·감독상 명령 위반
	정보통신사업자	국·장	① 관련 자료 제출 요구 − 불응 ② 추가정보의 게재 등 조치 요구 − 불응
	협회	국·장	① 공제사업 운영실적 미공시(3개월) ② 임원에 대한 징계, 해임요구 불이행 또는 시정명령을 이행하지 아니한 자 ③ 공제업무 개선명령을 불이행 ④ 지도·감독상 명령 위반
	기타	시·도지사	**연수**교육을 받지 아니한 자 【주의】 실무, 직무교육은 (×)
		등록관청 (개·공)	① 확인·**설명**의무 위반 ② **부당** 표시·광고 위반 ③ 중개보조원의 신분(직위) 고지의무 위반

2. 100만원 이하

★ 이.보.게. 문.폐. 반납.표시	등록관청	① 중개사무소의 **이전**신고를 하지 아니한 자 ② **보증**내용에 설명 또는 관계증서(보증서)의 사본 또는 전자문서를 교부하지 아니한 자 ③ 중개사무소등록증 등을 **게시**하지 아니한 자 ④ 사무소의 명칭에 "공인중개사사무소", "부동산중개"라는 **문자**를 사용하지 아니한 자, 옥외광고물에 **성명**표기 (×) ⑤ 중개인이 명칭에 "공인중개사사무소", **문자**를 사용한 경우 ⑥ 휴업, **폐업**, 휴업한 중개업의 재개 또는 휴업기간의 변경신고를 하지 아니한 자 ⑦ 공인중개사 자격증을 **반납** (×), 사유서 제출안 한 경우 ⑧ 등록증을 **반납**하지 아니한 자 ⑨ 중개대상물의 중개에 관한 **표시, 광고** 위반한 자 （**예** 전단지 또는 인터넷 광고）
자격취소	시·도지사	자격증 7일 미**반납**

━━━━ 대표문제 및 빈출지문 정리 ━━━━

01 국토교통부장관, 시·도지사, 등록관청은 위반행위의 동기·결과 및 횟수 등을 고려하여 500만원 이하의 사유는 과태료부과 기준금액의 2분의 1의 범위에서 가중 또는 감경할 수 있다. ( )

02 과태료부과 기준금액의 2분의 1의 범위에서 가중 또는 감경할 수 있다. 다만, 가중하는 경우에도 과태료의 총액은 100만원을 초과할 수 없다. ( )

03 공인중개사법령상 과태료의 부과대상자와 부과기관이 바르게 연결된 것을 모두 고른 것은?

> ㉠ 부동산거래정보망의 이용 및 정보제공방법 등에 관한 운영규정의 내용을 위반하여 부동산거래정보망을 운영한 거래정보사업자 - 국토교통부장관
> ㉡ 공인중개사법령에 따른 보고의무를 위반하여 보고를 하지 아니한 거래정보사업자 - 국토교통부장관
> ㉢ 중개사무소등록증을 게시하지 아니한 개업공인중개사 - 등록관청
> ㉣ 공인중개사 자격이 취소된 자로 공인중개사 자격증을 반납하지 아니한 자 - 등록관청
> ㉤ 중개사무소 개설등록이 취소된 자로 사무소등록증을 반납하지 아니한 자 - 시·도지사

① ㉠, ㉢   ② ㉠, ㉡, ㉢   ③ ㉡, ㉣, ㉤
④ ㉠, ㉡, ㉢, ㉣   ⑤ ㉠, ㉡, ㉢, ㉣, ㉤

04 다음 중 개업공인중개사의 행위 중 과태료 부과대상이 <u>아닌</u> 것은?
① 등록관청에 폐업사실을 신고한 후 지체 없이 간판을 철거하지 않은 경우
② 휴업신고에 따라 휴업한 중개업을 재개하면서 등록관청에 그 사실을 신고하지 않은 경우
③ 중개대상물에 과한 권리를 취득하려는 중개의뢰인에게 해당 중개대상물의 권리관계를 성실·정확하게 확인·설명하지 않은 경우
④ 인터넷을 이용하여 중개대상물에 대한 표시·광고를 하면서 중개대상물의 종류별로 가격 및 거래형태를 명시하지 않은 경우
⑤ 「옥외광고물 등 관리법」에 따른 옥외광고물에 성명을 거짓으로 표기한 자

━━━ **정답 및 해설** ━━━

1. (○)   2. (○)   3. ② [해설] ㉣ 시·도지사 ㉤ 등록관청
4. ① [해설] 등록관청은 「행정대집행법」에 따라 대집행을 할 수 있다.

제 2 편 | 부동산 거래신고 등에 관한 법령

테마 37 | 부동산거래신고제

━━━━ 핵심포인트 ━━━━

1. 부동산 거래신고 대상

1. 토지, 건축물 − 매매계약 체결 ⇨ 30일 이내 신고
2. 다음 관련법상의 "최초의 공급계약" ⇨ 30일 이내 신고 　㉠「건축물의 분양에 관한 법률」　　㉡「공공주택 특별법」 　㉢「택지개발촉진법」　　　　　　　㉣「도시 및 주거환경정비법」 　㉤「도시개발법」　　　　　　　　　㉥「주택법」 　㉦「산업입지 및 개발에 관한 법률」　㉧「빈집 및 소규모주택 정비에 관한 특례법」상
3. 권리(분양권, 입주권 전매) ⇨ 30일 이내 신고 　㉠ 부동산을 "공급받는 자로 선정된 지위"(예 토지, 주택, 상가 등) − 분양권 전매 　㉡「도시 및 주거환경정비법」상 "입주자로 선정된 지위" − 전매 　㉢「빈집 및 소규모주택 정비에 관한 특례법」상 "입주자로 선정된 지위" − 전매

▱ 보충 내용
① 토지는 면적(지분 포함)이나 지목에 제한 없이 신고하여야 한다.
② 건축물은 용도제한 없이 주택이나 공장, 상가 건축물(지분 포함)도 신고하여야 한다. 또한 무허가 건물과 미등기건물도 신고 대상이다.
　※ 입목, 공장재단, 광업재단은 신고대상이 아니다.

2. 신고 관련 내용

1. 신고기간 : 매매계약을 체결한 자는 계약체결일로부터 30일 이내 신고한다.

2. 신고의무자

(1) 당사자 직접거래
　① 거래당사자(외국인 포함)가 직접거래인 경우에는 당사자가 공동으로 신고하여야 한다.
　　⚠주의 신고서에 공동 서명 또는 날인하여 1인이 제출한다.
　② 거래당사자 중 일방이 국가, 지방자치단체, 공공기관, 지방직영기업, 지방공사 및 지방공단의 경우에는 국가 등이 신고를 하여야 한다.
　③ 일방이 신고를 거부하는 경우에는 다른 일방은 단독으로 신고할 수 있다.

(2) 중개거래
　① 거래계약서를 작성·교부한 중개거래는 개업공인중개사가 신고를 하여야 한다.
　② 공동중개는 해당 개업공인중개사가 공동으로 서명 또는 날인하여 신고하여야 한다.

3. 신고대상 계약

소유권이전과 관련된 **매매계약**에 한한다. ⇨ 교환, 증여, 판결, 상속, 판결, 경매, 전세권설정, 지상권설정, 상가 임대차 등은 신고대상이 아니다.

4. 신고관청

부동산 등(권리의 대상인 부동산)**의 소재지**를 관할하는 시장(구가 설치되지 아니한 시의 시장 및 **특별자치시장**과 특별자치도 행정시의 시장)·군수 또는 구청장에게 하여야 한다.

5. 신고할 사항

(1) **개인과 법인의 공통 신고사항** ⇨ 〈★ 실.조.계 − 당.부.중 − 관리인〉!

> 1. **실제** 거래가격
> 2. 계약의 **조건**이나 기한이 있는 경우에는 그 조건 또는 기한
> 3. **계약** 체결일, 중도금 지급일 및 잔금 지급일
> 4. 거래**당**사자의 인적 사항
> 5. 거래대상 **부동산** 등(부동산을 취득할 수 있는 권리)의 소재지·지번·지목 및 면적
> 6. 거래대상 **부동산** 등의 종류(부동산을 취득할 수 있는 권리의 종류)
> 7. 개업공인**중개**사가 거래계약서를 작성·교부한 경우에 인적 사항, 중개사무소의 상호·전화번호 및 소재지
> 8. 매수인이 국내에 주소 또는 거소를 두지 않을 경우에 − **위탁관리인의 인적 사항**
>   ※ 매수인이 외국인인 경우로 외국인등록 또는 국내거소신고를 한 경우는 그 **체류기간 만료일이 잔금지급일부터 60일 이내인 경우를 포함.**

💡**주의** 부동산의 권리관계나 공법상 이용제한 거래규제는 신고사항이 아니다.

(2) **주택**: 지역·금액별 기타 신고사항

구분		규제
비규제지역(개인)		실제거래가격 **6억 이상** ⇨ 자금조달계획 및 입주계획서 제출
규제지역 (개인)	조정대상지역	모든 주택 ⇨ 자금조달계획 및 입주계획서 제출
	투기과열지구	모든 주택 ⇨ 자금조달계획 및 **금액증명자료 제출**
법인이 매수자인 경우		**지역, 금액불문 모든 주택** ⇨ 자금조달계획 및 입주계획서 제출 (※ 단, 투기과열지구 ⇨ **금액증명자료 제출**)

(3) **토지 매수**(필지, 지분) **추가서류** ⇨ **자금조달계획 및 이용계획서**

구분	지역	금액
1. 필지	수도권 등[광역시(인천 ×), 세종시]	1억 이상 제출
	비수도권 등	6억 이상 제출
2. 지분	수도권 등[광역시(인천 ×), 세종시]	금액 불문 제출
	비수도권 등	6억 이상 제출

6. 대행신고

(1) **거래당사자의 대행신고** : 거래당사자 또는 법인 또는 매수인의 위임을 받은 사람은 **거래신고, 정정 및 변경신고, 해제등신고, 법인신고서, 자금조달, 입주계획서 등**의 제출을 대행할 수 있다.

> ▢ 대행하는 사람은 신분증명서
> 1. 당사자가 서명 또는 날인한 위임장(법인인 경우에는 법인인감을 날인한 위임장)
> 2. 신고서 등의 제출을 위임한 당사자의 신분증명서 사본

(2) **개업공인중개사의 대행신고**

① 개업공인중개사의 위임을 받은 **소속공인중개사**는 거래계약신고서의 제출을 대행할 수 있다. 소속공인중개사는 신분증명서를 신고관청에 제시한다.

〔주의〕 개업공인중개사의 위임장 및 신분증명서 사본을 제출하지 않는다.

② **중개보조원**은 부동산거래계약신고서의 제출을 대행할 수 없다.

7. 신고방법

① **방문하여 신고**하는 방법

② **전자문서**(부동산거래관리시스템에 접속하여 인터넷 이용)에 의한 신고 방법

※ 서명 또는 날인 및 당사자의 신분확인은 공동인증서를 통한 전자인증의 방법으로 하므로 **대행이 인정되지 아니한다.**

③ 부동산거래계약시스템(**부동산거래계약 관련 정보시스템**)을 통하여 부동산 거래계약을 체결한 경우 "**부동산거래계약 신고서**"를 **제출한 것으로 본다.**

8. 신고필증 발급 : **신고인에게 지체 없이 발급**

9. **검인의제** : 매수인은 신고인이 신고필증을 발급받은 때에 「부동산등기 특별조치법」에 따른 **검인을 받은 것으로 본다.**

10. 거래계약의 해제등신고

> ① **당사자 공동신고** : 해제 등이 확정된 날부터 **30일 이내**에 해제등신고서에 공동으로 서명 또는 날인하여 신고관청에 제출해야 한다.
> ② **단독신고** : 일방이 신고를 거부하는 경우에는 **단독으로 해제** 등을 신고할 수 있다.
> ③ **일방이 국가 등인** 경우에 국가 등이 단독으로 신고서에 서명 또는 날인하여 신고관청에 제출할 수 있다.

※ 개업공인중개사가 신고를 한 경우에는 개업공인중개사가 해제등신고(공동중개는 공동으로 신고)를 **할 수 있다**(재량).

11. **국토교통부장관의 검증체계**

① **국토교통부장관** : 부동산거래가격 "검증체계를 구축·운영"하여야 한다.

② **국토교통부장관** : 부동산거래 및 주택 임대차의 계약·신고·허가·관리 등의 "정보체계를 구축·운영"할 수 있다.

12. **정정신청**: 거래당사자 또는 개업공인중개사는 부동산 거래계약 신고 내용 중 일부 내용이 잘못 기재된 경우에는 정정을 신청할 수 있다. ⇨ 〈★ 개.대.지 − 당.면 − 종〉

> 1. **개업공인중개사의 전화번호 · 상호** 또는 사무소 소재지
> 2. 거래대상 부동산 등(부동산을 취득할 수 있는 권리)의 지목, **대지권비율**
> 3. 거래 **지분, 거래지분 비율**
> 4. 거래**당**사자의 주소 · 전화번호 또는 휴대전화
> 5. 부동산 등(권리)의 **면적**
> 6. 거래대상 "**건축물의 종류**"

‼️참고┃ 부동산소재지 · 지번, 실제 거래금액 · 중도금 · 잔금지급일, 거래당사자 및 개업공인중개사의 성명 · 주민등록번호(법인은 법인명 및 법인등록번호) 등은 정정신청을 할 수 없다.

13. **변경신고**: 거래당사자 또는 개업공인중개사는 부동산 거래계약 신고 내용 중 일부 내용이 변경된 경우에는 부동산에 관한 등기신청 전에 신고내용의 변경을 신고할 수 있다. ⇨ 〈★ 공.중 − 지.면 − 가.기 − 위탁관리인〉

> 1. 공동매수의 경우 일부 매수인의 변경(매수인 중 일부가 제외되는 경우만 해당)
> 2. 거래대상 부동산 등이 다수(공동)인 경우 일부 부동산 등의 변경(다수 부동산 중 일부가 제외되는 경우만)
> 3. 중도금 · 잔금 및 지급일   4. 거래 지분
> 5. 거래지분 비율   6. 거래대상 부동산 등의 면적
> 7. 거래가격   8. 거래의 조건 또는 기한
> 9. 위탁관리인의 성명, 주민등록번호, 주소 및 전화번호(휴대전화번호)

‼️참고┃ 부동산 소재지, 당사자 및 개업공인중개사의 성명 · 주민등록번호(법인은 법인명 및 법인등록번호) 등 인적 사항, 공동매수인의 추가 · 교체, 부동산 등의 추가 · 교체 등은 불가하다.
※ 부동산 등의 면적 변경이 없는 상태에서, 거래가격이 변경된 경우에는 거래계약서 사본 등 서류를 첨부하여야 한다.

14. **다른 법률과 관계**: 토지거래 허가를 받았어도 ⇨ **부동산거래신고는 하여야 한다.**

3. 부동산거래계약 신고서 작성 − 내용

1. 거래대상의 종류가 공급계약(분양) 또는 전매계약(분양권, 입주권)인 경우 ⑧ 물건별 거래가격 및 ⑨ 총 실제거래가격에 **부가가치세를 포함한 금액을 적고,** 그 외의 거래대상의 경우 부가가치세를 제외한 금액을 적는다.

2. 거래당사자가 외국인인 경우 거래당사자의 **국적을 반드시 적어야 하며,**

3. **외국인이 부동산 등을 매수하는 경우**: 매수용도란의 주거용(아파트), 주거용(단독주택), 주거용(그 밖의 주택), 레저용, 상업용, 공장용, 그 밖의 용도 중 하나에 √표시

4. 공급계약은 최초로 부동산을 공급(분양)하는 계약을 말하며, **준공 전과 준공 후** 계약 여부에 따라 √표시 / **"임대주택 분양전환"**은 **임대주택사업자(법인으로 한정)**가 임대기한이 완료되어 **분양전환하는 주택인 경우에** √표시

5. 전매는 부동산을 취득할 수 있는 권리의 매매로서, **"분양권" 또는 "입주권"에** √표시

6. **최초 공급계약 또는 전매계약**(분양권, 입주권)의 경우 : **분양가격, 발코니 확장 등 선택비용 및 추가 지불액 등**(프리미엄 등 분양가격을 초과 또는 미달하는 금액)을 각각 적는다(단, 각각의 비용에 부가가치세가 있는 경우 부가가치세를 포함).

7. **건축물대장상의 건축물 면적** : **집합건축물의 경우 호수별 전용면적**, 그 밖의 건축물은 연면적 기재

8. 등기사항증명서상의 대지권 비율, 각 거래대상의 토지와 건축물에 대한 거래 지분

9. 거래당사자가 다수인 경우는 **각자의 거래지분 비율** 표시

10. **"법인신고서 등"란**은 / "법인 주택 거래계약 신고서" / "주택취득자금 조달 및 입주계획서" / 자금증명서류, / 사유서(剛 대출 미실행 등) / 및 / 토지취득자금 조달 및 토지이용계획서/를 이 **신고서와 함께 제출하는지 또는 별도로 제출하는지를 표시**하고, / 그 밖의 경우에는 해당 없음에 표시를 한다.

11. 부동산 매매의 경우 **"종류"**에는 토지, 건축물 또는 토지 및 건축물 여부 표시

12. **"건축물" 또는 "토지 및 건축물"**인 경우에는 아파트, 연립 등 **용도별 건축물의 종류**

13. 물건별 거래가격란에는 **각각의 부동산별 거래가격**을 적는다.

14. **총 실제 거래가격란** : **전체 거래가격**(둘 이상의 부동산합계 금액)을 적고, 계약금 · 중도금 · 잔금 및 그 지급일을 적는다.

15. **종전 부동산란** : **입주권 매매의 경우에만 적고**, 거래금액란에는 추가지불액 및 권리가격, 합계 금액, 계약금, 중도금, 잔금을 적는다.

16. **계약의 조건 및 참고사항란** : 부동산 거래계약 내용에 **계약조건이나 기한**을 붙인 경우, 거래와 관련한 참고내용이 있는 경우

4. 주택임대계약 신고제도

1. 신고대상

   ① 주거용 건물의 전부 또는 일부의 임대차에 관하여 적용한다.

   ② 주택을 취득할 수 있는 권리를 포함한다.

대상 금액	보증금이 **6천만원을 초과** 또는 월차임이 **30만원을 초과**
대상 지역	수도권(서울, 경기도, 인천광역시) **전역** / 광역시(군 포함), 특별자치도, 특별자치시 / 도의 시지역(도지역의 군은 제외)

2. **신고 의무자**: 임대차계약 당사자 ◆주의 개업공인중개사는 의무가 없다.

3. **신고 기간**: 보증금 또는 차임 등을 계약의 **체결일부터 30일 이내에** 주택 소재지를 관할하는 신고관청에 신고하여야 한다.

4. **신고 방법**

① **당사자 공동신고**: 계약당사자는 "주택 임대차계약 신고서"에 공동으로 서명 또는 날인하여 신고관청에 제출해야 한다. ◆주의 **임대차 계약서 제출 – (×)**
다만, 계약당사자 중 일방이 국가등인 경우에는 국가 등이 신고한다.

② **단독 신고**: 당사자 중 일방이 신고를 "거부"하면 "임대차 신고서"에 서명 또는 날인한 후 "주택 임대차계약서와 계약갱신요구권"을 행사한 경우 이를 확인할 수 있는 서류 등과 "단독신고 사유서"를 첨부하여 단독으로 신고할 수 있다.

5. **임대차 계약의 변경 및 해제 신고**

① 계약당사자는 주택 임대차계약의 **보증금, 차임 등 가격이 변경되거나 해제된 경우**에는 해당 신고관청에 **공동으로 신고**하여야 한다.
※ **보증금, 차임의 변경 없이 기간만 연장하는 경우는 신고의무가 없다.**

② 다만, 임대차계약 당사자 중 일방이 국가 등인 경우에는 **국가 등**이 신고하여야 한다.

6. **다른 법률과의 관계**

> 1. 임차인이 전입신고를 하는 경우, 이 법에 따른 임대차계약의 신고를 한 것으로 본다.
> 2. 임대사업자는 관련 법령에 따라 신고 또는 변경신고 한 경우, 신고를 한 것으로 본다.
> 3. "임대차계약서"를 첨부하여 임대차계약신고, 변경·해제 신고의 접수를 완료한 때에는 확정일자를 부여한 것으로 본다.

5. 거래신고 위반에 대한 과태료사유 및 금액

1. 3천만원 이하의 과태료	① **가장 매매신고**: 매매계약을 체결하지 아니하였음에도 불구하고 거짓으로 신고 한 자 ⇨ 부당한 이익 목적: 단, 부당하게 재물이나 재산상 이득을 취득하거나 제3자로 하여금 이를 취득하게 할 목적으로 가장매매신고하여 3년 이하의 징역 또는 3천만원 이하의 벌금형을 받은 경우는 과태료를 부과하지 않는다. ② **가장 해제신고**: 신고 후 해당 계약을 거짓으로 해제신고한 자 ⇨ 부당한 이익 목적: 단, ① ~ 동일함 ③ **거래대금지급 증명**서면 미제출 또는 거짓 제출

2. 500만원 이하의 과태료	① 부동산거래신고를 **하지 아니한** 자(공동신고 거부자 포함) ② 부동산거래 **해제 등의 신고를 하지 아니한** 자(공동신고 거부자 포함) ③ 개업공인중개사에게 부동산거래신고를 하지 않게 하거나 거짓으로 신고하도록 **요구한 자** ④ 부동산거래신고에 관해 거짓신고를 **조장하거나 방조**하는 행위 ⑤ **거래대금지급 증명자료 외의 자료** 요구에 미제출, 거짓제출
3. 취득가액의 100분의 10 이하	① 신고의무자인 당사자가 거래신고를 **거짓으로** 한 경우 ② 신고의무자인 개업공인중개사가 거래신고를 **거짓으로** 한 경우 ③ 신고 의무자가 **아닌 자가 거짓**된 내용의 부동산거래신고를 한 경우
4. 100만원 이하의 과태료	① 임대차계약**신고 또는 계약변경 또는 해제**신고를 아니 한 자(공동신고를 거부한 자를 포함) ② 그 신고를 **거짓**으로 한 자

대표문제 및 빈출지문 정리

01 지방자치단체가 개업공인중개사의 중개 없이 토지를 매수하는 경우 부동산거래계약신고서에 단독으로 서명 또는 날인하여 신고관청에 제출해야 한다. ( )

02 「공공주택 특별법」에 따른 공급계약에 의해 부동산을 공급받는 자로 선정된 지위를 매매하는 계약은 부동산거래신고의 대상이 아니다. ( )

03 매매계약에 조건이나 기한이 있는 경우 그 조건 또는 기한도 신고해야 한다. ( )

04 전자문서에 의한 신고의 경우 거래당사자 중 1인의 위임을 받은 자가 대리하여 신고할 수 있다. ( )

05 거래대상 부동산의 공법상 거래규제 및 이용제한에 관한 사항은 부동산거래계약 신고서의 기재사항이다. ( )

06 「주택법」에 따라 지정된 조정대상지역에 소재하는 주택으로서 실제 거래가격이 5억원이고, 매수인이 국가인 경우 국가는 매도인과 공동으로 실제거래가격 등을 신고하여야 한다. ( )

07 거래당사자는 신고한 후 해당 거래계약이 해제, 무효 또는 취소된 경우 해제 등이 확정된 날부터 30일 이내에 해당 신고관청에 공동으로 신고하여야 한다. ( )

08 거래대금 지급을 증명할 수 있는 자료(예 입금표 등)를 제출하지 아니하거나 거짓으로 제출한 자 또는 그 밖의 필요한 조치를 이행하지 아니한 자는 3천만원 이하의 과태료 부과대상이 된다.   (   )

09 거래대상의 종류가 공급계약(분양) 또는 전매계약(분양권, 입주권)인 경우, 물건별 거래 가격 및 총 실제거래가격에 부가가치세를 포함한 금액을 적는다.   (   )

10 계약대상 면적에는 실제 거래면적을 계산하여 적되, 건축물 면적은 집합건축물의 경우 전용면적을 적고, 그 밖의 건축물의 경우 연면적을 적는다.   (   )

11 신고관청은 부과일부터 30일 이내에 해당 개업공인중개사의 사무소(법인은 주된 사무소) 시장·군수 또는 구청장에 과태료 부과 사실을 통보하여야 한다.   (   )

12 거래당사자 간 직접거래의 경우 공동으로 신고서에 서명 또는 날인을 하여 공동으로 신고서를 제출해야 한다.   (   )

13 "임대주택 분양전환"은 법인인 임대주택사업자가 임대기한이 완료되어 분양전환하는 주택인 경우에 √표시를 한다.   (   )

14 "법인신고서 등"란은 법인 주택 거래계약 신고서, 주택취득자금 조달 및 입주계획서, 토지취득자금 조달 및 이용계획서를 이 신고서와 함께 제출하는지 또는 별도로 제출하는 지를 √표시한다.   (   )

15 개업공인중개사가 거래계약서를 작성·교부한 경우, 개업공인중개사의 인적 사항과 개설등록한 중개사무소의 상호·전화번호 및 소재지도 신고사항에 포함된다.   (   )

16 신고관청은 거래대금 지급을 증명할 수 있는 자료를 제출하지 아니한 사실을 자진 신고 한 자에 대하여 과태료를 감경 또는 면제할 수 있다.   (   )

17 중개대상물의 범위에 속하는 물건의 매매계약을 체결한 때에는 모두 부동산 거래신고 를 해야 한다.   (   )

18 거래계약이 해제, 무효 또는 취소된 경우 해제 등이 확정된 날부터 30일 이내에 해당 신고관청에 공동으로 신고하여야 한다. 다만, 개업공인중개사가 매매계약을 신고한 경우에 그 계약이 해제되면 그 개업공인중개사가 해제를 신고할 수 있다.   (   )

19 임대차계약당사자는 신고한 후 임대차 계약의 보증금, 차임 등 임대차 가격이 변경되거나 임대차계약이 해제된 때에는 변경 또는 해제가 확정된 날부터 30일 이내에 해당 신고관청에 공동으로 신고하여야 한다.   (   )

20 부동산 거래신고의 대상이 아닌 계약을 모두 고른 것은?

> ㉠ 「건축물의 분양에 관한 법률」에 따른 부동산에 대한 공급계약
> ㉡ 「도시개발법」에 따른 부동산에 대한 공급계약
> ㉢ 「주택법」에 따른 부동산에 대한 공급계약을 통하여 부동산을 공급받는 자로 선정된 지위의 매매계약
> ㉣ 「도시 및 주거환경정비법」에 따른 관리처분계획의 인가로 취득한 입주자로 선정된 지위의 매매계약
> ㉤ 「체육시설의 설치·이용에 관한 법률」에 따라 등록된 시설이 있는 건물의 매매계약
> ㉥ 「택지개발촉진법」에 따라 공급된 토지의 임대차계약

① ㉡, ㉥   ② ㉢, ㉣   ③ ㉠, ㉡, ㉢
④ ㉤, ㉥   ⑤ ㉥

21 부동산 거래신고 등에 관한 법령상 부동산거래 신고에 관한 설명으로 옳은 것은?
① 부동산거래의 신고를 하려는 개업공인중개사는 부동산거래계약 신고서에 서명 또는 날인을 하여 거래대상 부동산 소재지 관할 신고관청에 제출해야 한다.
② 개업공인중개사가 공동으로 중개하는 경우, 부동산 거래신고는 공동으로 중개한 개업공인중개사 중 어느 1인의 명의로 해도 된다.
③ 중개대상물의 범위에 속하는 물건의 매매계약을 체결한 때에는 모두 부동산 거래신고를 해야 한다.
④ 부동산거래계약 신고서의 방문 제출은 당해 거래계약을 중개한 개업공인중개사의 위임을 받은 소속공인중개사가 대행할 수 없다.
⑤ 외국인이 대한민국 안의 토지를 취득하는 계약을 체결하였을 때, 부동산 거래신고를 한 경우에도 「외국인 등 특례법」에 따른 토지취득신고를 해야 한다.

22 부동산 거래신고 등에 관한 법령상 신고대상인 부동산거래계약의 신고에 관한 설명으로 **틀린** 것은?

① 사인 간의 거래를 중개한 개업공인중개사가 거래계약서를 작성·교부한 경우, 해당 개업공인중개사가 거래신고를 해야 한다.
② 부동산의 매수인은 신고인이 부동산거래계약 신고필증을 발급받은 때에「부동산등기 특별조치법」에 따른 검인을 받은 것으로 본다.
③ 개업공인중개사의 위임을 받은 소속공인중개사가 부동산거래계약 신고서의 제출을 대행하는 경우, 소속공인중개사는 신분증명서를 신고관청에 보여주어야 한다.
④ 거래당사자 중 일방이 국가인 경우, 국가가 부동산 거래계약의 신고를 해야 한다.
⑤ 신고관청은 거래대금 지급을 증명할 수 있는 자료를 제출하지 아니한 사실을 자진 신고한 자에 대하여 과태료를 감경 또는 면제할 수 있다.

23 甲이「건축법 시행령」에 따른 단독주택을 매수하는 계약을 체결하였을 때, 부동산 거래신고 등에 관한 법령에 따라 甲 본인이 그 주택에 입주할지 여부를 신고해야 하는 경우를 모두 고른 것은? (甲, 乙, 丙, 丁은 자연인이다)

> ㉠ 甲이「주택법」상 투기과열지구에 소재하는 乙 소유의 주택을 실제 거래가격 3억원으로 매수하는 경우
> ㉡ 甲이「주택법」상 '투기과열지구 또는 조정대상지역' 외의 장소에 소재하는 丙 소유의 주택을 실제 거래가격 5억원으로 매수하는 경우
> ㉢ 甲이「주택법」상 투기과열지구에 소재하는 丁 소유의 주택을 실제 거래가격 10억원으로 매수하는 경우

① ㉠ ② ㉡ ③ ㉠, ㉡
④ ㉠, ㉢ ⑤ ㉡, ㉢

24 부동산거래신고 정정신청을 할 수 있는 사유로 명시된 경우가 <u>아닌</u> 것을 모두 고른 것은?

> ㉠ 주택거래의 중도금 지급일이 변경된 경우
> ㉡ 건축물의 종류가 잘못 기재된 경우
> ㉢ 매수인들의 거래지분이 잘못 기재된 경우
> ㉣ 개업공인중개사의 사무소 소재지가 잘못 기재된 경우
> ㉤ 상가건물거래의 잔금 지급일이 변경된 경우

① ㉠, ㉡ ② ㉠, ㉤ ③ ㉡, ㉢
④ ㉠, ㉣, ㉤ ⑤ ㉡, ㉢, ㉣

25 부동산거래 신고 등에 관한 법령상 '부동산 거래계약 신고서'의 신고대상에 따른 기재사항이 옳게 짝지어진 것을 고른 것은?

> ㉠ 거래당사자가 다수인 경우 − 각자의 거래 지분 비율
> ㉡ 외국인이 부동산 등을 매수할 경우 − 부동산 등의 매수용도
> ㉢ 매매의 목적물이 집합건축물인 경우 − 전용면적
> ㉣ 매매의 목적물이 그 밖의 건축물인 경우 − 연면적
> ㉤ 매매의 목적물이 아파트인 경우 − 동·호수까지
> ㉥ 물건별 거래가격 − 각각의 부동산별 거래가격

① ㉠, ㉡ 　　　　② ㉠, ㉡, ㉢ 　　　　③ ㉠, ㉢, ㉣
④ ㉡, ㉢, ㉣, ㉤ 　　　　⑤ ㉠, ㉡, ㉢, ㉣, ㉤, ㉥

정답 및 해설

1. (○) 　　2. (×) [해설] 신고대상이다.
3. (○)
4. (×) [해설] 거래당사자 중 1인의 위임을 받은 자가 대리하여 신고하는 경우에는 전자문서에 의한 신고를 할 수 없다.
5. (×) [해설] 부동산거래계약 신고사항이 아니다.
6. (×) [해설] 거래당사자 중 일방이 국가, 지방자치단체, 대통령령으로 정하는 자의 경우에는 국가 등이 신고를 하여야 한다.
7. (○) 　　8. (○) 　　9. (○) 　　10. (○)
11. (×) [해설] 10일
12. (×) [해설] 거래당사자 중 일방이 신고서를 제출하여야 한다.
13. (○) 　　14. (○) 　　15. (○)
16. (×) [해설] 과태료를 감경 또는 면제 대상이 아니다.
17. (×) [해설] 입목, 공장재단 등은 신고대상이 아니다.
18. (○) 　　19. (○)
20. ⑤ [해설] 매매계약만 신고대상이다.
21. ① [해설] ② 공동으로 신고 ③ 토지, 건축물(권리 포함)은 신고대상이나 입목, 공장재단 등은 대상이 아니다. 즉, 모두 (×) ④ 대행 가능 ⑤ 「외국인 등 특례법」에 따른 토지취득신고는 하지 않아도 된다.
22. ⑤ [해설] 거래대금 지급을 증명할 수 있는 자료(대금 증명 외의 자료 포함), 가장매매신고, 가장해제신고 등은 감경 또는 면제사유가 아니다.
23. ④ [해설] ㉠㉢의 규제지역은 금액을 불문하고 자금조달 및 입주계획서를 제출 ㉡의 비규제지역은 실제거래가격이 6억 이상일 때 제출한다.
24. ② [해설] ㉠㉤ 정정신청이 불가하고, 변경신고사항이다.
25. ⑤ [해설] 신고서의 기재사항으로 모두 옳다.

테마 38 외국인 등의 부동산 취득 등에 관한 특례

━━━━ **핵심포인트** ━━━━

1. 법률 용어 "외국인 등"이란 다음에 해당하는 개인·법인 또는 단체를 말한다.

① 대한민국의 국적을 보유하고 있지 아니한 개인
② **외국의 법령**에 따라 설립된 법인 또는 단체
③ 사원 또는 구성원의 **2분의 1 이상**이 대한민국의 국적이 아닌 법인 또는 단체
④ 사원이나 이사 등 **임원의 2분의 1 이상**이 대한민국의 국적이 아닌 법인 또는 단체
⑤ 대한민국의 국적이 아닌 사람이나 외국의 법령에 따라 설립된 법인 또는 단체가 **자본금의 2분의 1 이상이나 의결권의 2분의 1 이상**을 가지고 있는 법인 또는 단체
⑥ 외국 정부, **국제기구**(**국제연합**과 그 산하기구·전문기구·정부 간 기구·준정부 간 기구·비정부 간·국제기구)

※ 부동산 등의 **소유권 취득시만** 적용된다. ⇨ 임대차, 지상권, 저당권 등은 적용 (×)
※ 대한민국 국적을 가진 **재외국민**은 신고 의무가 없다.

2. 사후신고

구분		신고기간	위반에 대한 제재
시·군 구청장	계약	• 계약 체결일부터 **60일** 이내 신고의무 (예 교환, 교환계약) ◆주의 매매계약은 30일 이내 부동산거래계약신고	신고 (×), 거짓신고 − **300만원 이하의 과태료**
	계약 외	• 취득한 날로부터 **6개월** 이내에 신고 (예 합병, 판결, 환매권, 경매, 상속) ⇨ 〈★ 합.판.환.경.상〉 • 건축물의 신축·증축·개축·재축	신고 (×), 거짓신고 − 100만원 이하의 **과태료** (신고관청이 부과·징수)
	계속 보유	외국인으로 국적 변경된 날로부터 **6개월** 이내	100만원 이하의 **과태료**

3. 사전허가 ⇨ 〈★ 군.문 − 자.자 − 야〉!

① 「**군사기지 및 군사시설 보호법**」상 군사시설 보호구역, 기타 대통령령으로 정하는 지역(섬지역, 군부대주둔지와 그 인근지역, 국가중요시설 등)
② 「**문화유산의 보존 및 활용에 관한 법률**」: 지정문화유산 위한 보호물 또는 보호구역
③ 「**자연환경보전법**」: 생태계 · 경관보전지역
④ 「**자연유산의 보존 및 활용에 관한 법률**」: 천연기념물 · 명승 및 시 · 도자연유산과 이를 위한 보호물 또는 보호구역
⑤ 「**야생생물 보호 및 관리에 관한 법**」: 야생생물특별보호구역

1. 신고관청은 해당 구역 등의 지정목적 달성에 지장 없으면 **허가를 하여야 한다.**

2. "토지거래허가구역 내 허가"에 따라 **토지거래계약에 관한** 허가를 받은 경우에는 다시 허가받을 필요 없다.

3. 신고관청은 신청서를 받은 날부터 **15일 이내에 허가 또는 불허가**처분을 한다.

> 다만, 「**군사기지 및 군사시설 보호법**」상 군사기지 및 군사시설 보호구역, 그 밖에 대통령령으로 정하는 지역은 **30일 이내에 처분**
> ※ 부득이한 사유가 있는 경우 ⇨ **30일의 범위**에서 **연장 가능**
> ※ 기간을 연장하는 경우에는 사유와 처리예정일을 지체 없이 신청인에게 통지

4. 허가를 받지 아니한 토지취득계약은 그 **효력이 발생하지 아니한다.**

5. 허가를 받지 아니하고 또는 부정한 방법으로 허가를 받아 토지취득계약을 체결 ⇨ **2년 이하의 징역** 또는 **2천만원 이하의 벌금**

4. 기타

1. 신고관청은 **매 분기 종료일부터 1개월 이내**에 시 · 도지사에게 제출(전자문서 가능)하여야 한다.
   ※ 다만, **특별자치시장**은 직접 국토교통부장관에게 제출하여야 한다.

2. 위 3.의 신고내용을 제출받은 시 · 도지사(다만, 특별자치시장 제외)는 **제출받은 날부터 1개월 이내**에 그 내용을 국토교통부장관에게 제출하여야 한다.

━━━━━ **대표문제 및 빈출지문 정리** ━━━━━

01 「외국인 등 특례법」에 따라 토지를 취득하는 계약을 체결 한 후에 신고를 하지 아니하거나 거짓으로 신고한 자는 2년 이하의 징역 또는 2천만원 이하의 벌금에 처한다.
( )

02 외국인 등이 「문화유산의 보존 및 활용에 관한 법률」에 따른 지정문화유산 이를 위한 보호물 또는 보호구역에 있는 토지를 취득하고자 하는 경우에는 원칙적으로 토지소재지를 관할하는 시장·군수·구청장으로부터 토지취득 허가를 받아야 한다. ( )

03 「부동산 거래신고 등에 관한 법률」에 따라 부동산 거래신고를 한 경우에는 「외국인 등 특례법」에 따른 신고의무는 없다. ( )

04 외국의 법령에 따라 설립된 법인이라도 구성원의 2분의 1이 대한민국 국민인 경우 「외국인 등 특례법」에 따른 "외국인 등"에 해당하지 아니한다. ( )

05 외국인 등이 대한민국에 소재하는 부동산에 대한 전세권이나 저당권을 취득하는 경우에는 「외국인 등의 특례법」이 적용될 여지가 없다. ( )

06 국제연합의 전문기구가 경매로 대한민국 안의 부동산 등을 취득한 때에는 부동산 등을 취득한 날부터 60일 이내에 신고관청에 신고하여야 한다. ( )

07 개업공인중개사가 대한민국 내의 부동산 등을 취득하고자 하는 외국인에게 한 설명으로 옳은 것은?

① 대한민국 안의 토지를 가지고 있는 대한민국 국민이 외국인으로 변경된 경우 그 외국인이 해당 토지를 계속 보유하려는 경우에는 외국인으로 변경된 날부터 3개월 이내에 국토교통부장관에게 신고해야 한다.

② 국토교통부장관은 토지의 취득신고를 하지 않은 외국인 등에게 과태료를 부과·징수한다.

③ 외국인 등이 합병으로 대한민국 안의 부동산 등을 취득한 때에는 취득한 날부터 6개월 이내에 시장·군수 또는 구청장에게 신고해야 한다.

④ 「부동산 거래신고 등에 관한 법률」에 따라 부동산 거래신고를 한 경우에도 「외국인 등 특례법」에 따라 별도의 신고를 해야 한다.

⑤ 시장·군수 또는 구청장은 토지취득신고 등의 내용을 국토교통부장관에게 직접 통보해야 한다.

08 외국인 등이 대한민국 안의 부동산(토지, 건축물)에 대한 매매계약을 체결하였을 때에는 계약체결일부터 60일 이내에 신고관청에 신고하여야 한다. ( )

09 외국인이 「수도법」에 따른 상수원보호구역에 있는 토지를 매매로 취득하려는 경우, 토지취득계약을 체결하기 전에 신고관청으로부터 토지취득의 허가를 받아야 한다. ( )

10 외국인이 취득하려는 토지가 토지거래허가구역과 「문화유산의 보존 및 활용에 관한 법률」에 따른 지정문화재와 이를 위한 보호물 또는 보호구역에 있으면 토지거래계약허가와 토지취득허가를 모두 받아야 한다. ( )

│정답 및 해설

1. (×) [해설] 신고위반은 300만원 이하의 과태료
2. (○)   3. (○)
4. (×) [해설] "외국인 등"에 해당한다.
5. (○)
6. (×) [해설] 6개월
7. ③ [해설] ① 6개월 ② 시장·군수·구청장 ④ 별도 신고 (×) ⑤ 매 분기 종료일부터 1개월 이내에 시·도지사에게 제출(전자문서에 의한 제출을 포함)하여야 한다.
8. (×) [해설] 30일 이내에 신고관청에 부동산거래신고를 하여야 한다.
9. (×) [해설] 매매계약일로부터 30일 이내 부동산거래신고를 하여야 한다.
10. (×) [해설] 토지거래계약허가를 받으면 토지취득허가를 받지 않아도 된다.

테마 39 │ 토지거래허가제도

━━━ 핵심포인트 ━━━

1. 지정 및 지정절차 등

1. **지정권자**: 2 이상의 시·도는 **국토교통부장관이 지정하고** / 동일한 시·도는 시·도지사가 지정한다. ⇨ 국토교통부장관 또는 시·도지사는 **허가대상자**(외국인 등을 포함), **허가대상 용도와 지목 등**을 특정하여 허가구역을 지정할 수 있다.

2. **지정요건**: 투기적 거래가 성행하거나 지가가 급격히 상승 또는 우려가 있는 다음의 지역을 지정

> ① 법령의 제정·개정 또는 폐지 등으로 토지 **행위제한이 완화되거나 해제**되는 지역
> ② 개발사업이 진행 중이거나 예정되어 있는 지역과 그 인근 지역
> ③ 광역도시계획, 도시·군기본계획, 도시·군관리계획 등 계획이 **새로 수립 또는 변경**되는 지역

3. 지정절차

① 중앙 또는 시·도도시계획위원회의 **심의**를 거쳐야 한다.

② **재지정**: 심의 전에 시·도지사(국토교통부장관이 지정하는 경우만) 및 시장·군수·구청장의 **의견**을 들어야 한다.

③ 허가구역으로 **지정·해제·축소한 때**에는 이를 공고하고,

  ㉠ 국토교통부장관은 시·도지사를 거쳐 시장·군수 또는 구청장에게 통지하고,

  ㉡ 시·도지사는 국토교통부장관, 시장·군수 또는 구청장에게 통지하여야 한다.

④ **시장·군수·구청장**은 관할 등기소의 장에게 통지하여야 하며,

  ㉠ **7일** 이상 공고하고,

  ㉡ **15일간** 일반이 열람할 수 있도록 하여야 한다.

※ ①③④의 절차는 "**해제, 축소**"의 경우도 동일하게 적용된다.

4. 허가대상: **소유권**(매매, 교환)**과 지상권**의 설정 및 이전계약[유상계약(예약포함)]

※ 단, 건물, 전세권, 지역권, 저당권, 증여, 상속, 경매 ⇨ 대상 (×)

※ 당사자의 한쪽 또는 양쪽이 국가, 지방자치단체, 공공단체 등이 행하는 토지거래계약은 시장·군수·구청장과 **협의**가 성립되면 허가를 받은 것으로 본다.

5. 기준면적: 다음 용도별 기준면적 이하는 허가 받을 필요 없다.

도시지역	㉠ 주거지역: 60m² 이하	㉡ 상업지역: 150m² 이하
	㉢ 공업지역: 150m² 이하	㉣ 녹지지역: 200m² 이하
	㉤ 용도지역의 미지정: 60m² 이하	
외 지역	기타 250m² 이하, 농지 500m² 이하, 임야 1,000m² 이하	

※ **특례**: **국토교통부장관 또는 시·도지사**가 기준면적(**10% 이상 ~ 300% 이하**)의 범위 안에서 따로 정할 수 있다.

6. 기준면적 산정

① 계약체결 후 1년 이내에 일단의 토지이용을 위해 일부계약: **전체**에 대한 거래로 본다.

② 허가구역의 지정 후 분할된 토지: 분할 후 **최초**의 거래에 한하여 허가의 대상이 된다.

③ 허가구역의 지정 후 공유지분으로 거래: **최초**거래에 한하여 허가의 대상이 된다.

7. 토지이용 의무기간: 5년 범위 내에서 다음 기간 동안 허가받은 목적대로 이용

① **대체토지, 농업** 등(어·축산·임업), **복지·편익시설, 주택용지** ⇨ 2년 〈★ 대.농.복.주〉

② 사업 시행(단, 분양목적 및 진행 ×) ⇨ 4년

③ 현상보존, 임대사업, 기타 ⇨ 5년

2. 허가 절차

1. **허가권자**(허가관청) : 부동산 소재지의 관할 시장·군수·구청장

2. **신청 : 당사자가 공동신청주의** - 허가신청서에 + **토지의 이용계획서, 토자취득자금조달계획서를 첨부**하여 시장·군수 또는 구청장에게 제출하여야 한다.

3. 허가관청은 지체 없이 필요한 조사를 하고 신청서를 받은 날부터 **15일 이내에 허가·변경허가 또는 불허가처분**한다.

4. 기간 내에 허가증의 발급 또는 불허가처분사유의 통지가 없거나 선매협의 사실의 통지가 없는 경우는 그 **기간이 끝난 날의 다음날에 허가**가 있는 것으로 본다.

5. 시장·군수 또는 구청장은 토지이용목적이 실수요적 측면과 적합성이 인정되는 다음의 경우에는 **허가를 하여야 한다.**

> ① 농업인 등으로서 본인이 거주하는 **주소지로부터 30km 이내**에 소재하는 토지를 취득
> ② 농업인 등으로서 협의양도하거나 수용된 날부터 **3년 이내**에 대체농지를 취득하려는 경우에는 그가 거주하는 주소지로부터의 거리가 80km 안에 소재하는 농지(단, 종전가액 이하)
> ③ 기타

※ **토지의 이용목적이 심사기준에 부적합한 경우**(例 생태계 보전 및 생활환경 보호에 **중대한 위해성이 우려**되는 경우, **면적**이 그 토지의 **이용목적에 부적합**)는 **불허가**된다.

3. 허가 배제

① **토지의 수용, 경매** 등은 토지거래계약허가제에 관한 규정을 적용하지 아니한다.
② 「공익사업을 위한 토지 등의 취득 및 보상에 관한 법률」상 **토지를 협의취득·사용하거나 환매하는 경우**
③ 「국유재산법」상 국유재산을 일반경쟁입찰로 처분하는 경우
④ 국세 및 지방세의 **체납처분 또는 강제집행을 하는 경우**
⑤ **「주택법」**에 따른 사업계획의 승인을 받아 조성한 대지를 공급하는 경우
⑥ 「택지개발촉진법」에 따라 택지를 공급하는 경우
⑦ **외국인 등**이 토지취득의 허가를 받은 경우
⑧ **한국농어촌공사**가 농지의 매매·교환 및 분할을 하는 경우
⑨ 기타

4. 위반행위에 대한 제재

1. **효력** : 토지거래계약을 허가 없이 체결한 때에는 그 **효력은 무효이다.**

2. 허가를 받지 않고 토지거래계약을 체결하거나, 부정한 방법으로 허가를 받은 자는 **2년 이하의 징역 또는 토지가격의 30%**에 해당하는 금액의 **벌금**에 처한다.

3. **취소, 처분, 조치명령 위반**: 1년 이하의 징역 또는 1천만원 이하의 벌금에 처한다.

4. **이행강제금**

　① 시 · 군 · 구청장은 **이용 의무기간이 지난 후에는** 이행강제금을 부과할 수 없다.

　② 시 · 군 · 구청장은 최초의 이행명령이 있었던 날을 기준으로 **1년에 한 번씩** 그 이행명령이 이행될 때까지 반복하여 이행강제금을 부과 · 징수할 수 있다.

　③ 시 · 군 · 구청장은 토지 **취득가액의 10% 범위** 내에서 이행강제금을 부과한다.

> · **방치한 경우**: 토지 취득가액의 **100분의 10**에 상당하는 금액
> · **임대한 경우**: 토지 취득가액의 **100분의 7**에 상당하는 금액
> · **기타 위반의 경우**: 토지 취득가액의 **100분의 7**에 상당하는 금액
> · **허가관청의 승인 없이 이용목적을 변경하여 이용하는 경우**: 취득가액의 **100분의 5**

　④ 이행강제금의 부과처분에 불복하는 자는 시 · 군 · 구청장에게 **30일 이내**에 이의를 제기

　⑤ 처분(**예** 허가신청, 불허가처분 등)에 이의가 있는 자는 그 처분을 받은 날부터 **1개월 이내**에 시 · 군 · 구청장에게 이의를 신청할 수 있다.

5. 매수청구

> ① 허가신청에 대하여 **불허가처분을 받은 자**는 그 통지를 받은 날부터 **1개월 이내**에 시 · 군 · 구청장에게 해당 토지에 관한 권리의 **매수를 청구**할 수 있다.
> ② 시 · 군 · 구청장은 국가 · 지방자치단체, 공공단체 중에서 매수하게 하여야 한다.
> ③ **공시지가를 기준**으로 한다. 단, 신청서에 **적힌 가격**이 **낮은** 경우는 **적힌 가격**으로 한다.

6. 선매제도

1. **특징**

　① 토지거래계약의 허가신청을 전제로 한다.

　② 공공용지의 확보를 목적

2. **대상**

　① 공익사업용 토지

　② 허가를 받아 취득한 토지를 그 **이용목적대로 이용하고 있지 아니한 토지**

3. 시 · 군 · 구청장은 **허가신청이 있는 날부터 1개월 이내**에 선매자의 지정 및 통지

4. 선매자는 지정통지일부터 **15일 이내에 선매협의**를 하여야 하며, / 지정통지를 받은 날부터 **1개월 이내에 선매협의를 끝내야** 한다.

5. **감정가격**을 기준으로 한다(단, 신청서에 적힌 가격이 낮은 경우 적힌 가격으로 매수).

6. **선매협의 불성립**: 지체 없이 **허가 또는 불허가 여부를 결정**하여 통보하여야 한다.

■■■■■ 대표문제 및 빈출지문 정리 ■■■■■

01 토지의 소유권자, 지상권자 등에게 발생되거나 부과된 권리·의무는 그 토지 또는 건축물에 관한 소유권이나 그 밖의 권리의 변동과 동시에 그 승계인에게 이전한다. (　　)

02 시·도지사가 토지거래허가구역을 지정한 때에는 이를 공고하고 그 공고내용을 국토교통부장관, 시장·군수 또는 구청장에게 통지하여야 한다. (　　)

03 시·도지사는 법령의 개정으로 인해 토지이용에 대한 행위제한이 강화되는 지역을 허가구역으로 지정할 수 있다. (　　)

04 허가구역을 지정한 시·도지사는 지체 없이 허가구역지정에 관한 공고내용을 관할 등기소의 장에게 통지해야 한다. (　　)

05 허가구역 지정에 이의가 있는 자는 그 지정이 공고된 날부터 1개월 내에 시장·군수·구청장에게 이의를 신청할 수 있다. (　　)

06 국토교통부장관 또는 시·도지사는 허가대상자(외국인 등을 포함), 허가대상 용도와 지목 등을 특정하여 허가구역을 지정할 수 있다. (　　)

07 허가구역 지정의 공고에는 허가구역에 대한 축척 5만분의 1 또는 2만 5천분의 1의 지형도와 허가면제 대상 토지면적이 포함된다. (　　)

08 「국토의 계획 및 이용에 관한 법률」에 다른 도시지역 중 녹지지역 안의 $150m^2$ 면적의 토지거래계약에 관하여는 허가를 받아야 한다. (　　)

09 지정권자는 허가구역의 지정 사유가 없어졌거나 시·도지사, 시장·군수 또는 구청장으로부터 받은 허가구역의 지정 해제 또는 축소 요청이 이유 있다고 인정되면 지체 없이 허가구역의 지정을 해제 또는 일부를 축소하여야 한다. (　　)

10 허가구역의 지정은 그 지정을 공고한 날부터 5일 후에 그 효력이 발생한다. （　）

11 「민사집행법」에 따른 경매의 경우에는 허가구역 내 토지거래에 대한 허가의 규정은 적용하지 아니한다. （　）

12 이행명령을 받은 자가 그 명령을 이행하는 경우에는 새로운 이행강제금의 부과를 즉시 중지하고, 명령을 이행하기 전에 이미 부과된 이행강제금을 징수해서는 안 된다. （　）

13 토지거래계약허가를 받아 토지를 취득한 자가 직접 이용하지 아니하고 임대한 경우에는 토지 취득가액의 100분의 10에 상당하는 금액을 이행강제금으로 부과한다. （　）

14 시장·군수 또는 구청장은 공익사업용 토지에 대해 토지거래계약에 관한 허가신청이 있는 경우, 한국토지주택공사가 그 매수를 원하는 경우에는 한국토지주택공사를 선매자로 지정하여 그 토지를 협의 매수하게 할 수 있다. （　）

15 토지거래허가신청에 대해 불허가처분을 받은 자는 그 통지를 받은 날부터 1개월 이내에 시장·군수 또는 구청장에게 해당 토지에 관한 권리의 매수를 청구할 수 있다. （　）

16 토지거래허가를 받으려는 자는 그 허가신청서에 계약내용과 그 토지의 이용계획, 취득자금 조달계획 등을 적어 시장·군수 또는 구청장에게 제출해야 한다. （　）

17 허가구역에 있는 토지에 관한 소유권·지상권을 이전·설정하는 유상계약(예약 포함)을 체결하려는 당사자는 공동으로 시장·군수·구청장의 허가를 받아야 한다. （　）

18 자기의 거주용 주택용지로 이용할 목적으로 토지거래계약을 허가받은 자는 토지취득일부터 2년간 그 토지를 허가받은 목적대로 이용해야 한다. （　）

19 허가구역을 지정할 당시 허가를 요하는 규모의 토지가 허가구역의 지정 후 분할(공유지분거래 포함)되어 허가를 요하는 규모 미만으로 되었을 경우, 분할 후 최초의 거래에 한하여 허가의 대상이 된다. （　）

20 부동산 거래신고 등에 관한 법령상 토지거래허가구역에 관한 설명으로 옳은 것은?

① 시·도지사는 법령의 개정으로 인해 토지이용에 대한 행위제한이 강화되는 지역을 허가구역으로 지정할 수 있다.

② 토지의 투기적인 거래 성행으로 지가가 급격히 상승하는 등의 특별한 사유가 있으면 5년을 넘는 기간으로 허가구역을 지정할 수 있다.

③ 허가구역 지정의 공고에는 허가구역에 대한 축척 5만분의 1 또는 2만 5천분의 1의 지형도가 포함되어야 한다.

④ 허가구역을 지정한 시·도지사는 지체 없이 허가구역지정에 관한 공고내용을 관할 등기소의 장에게 통지해야 한다.

⑤ 허가구역 지정에 이의가 있는 자는 그 지정이 공고된 날부터 1개월 내에 시장·군수·구청장에게 이의를 신청할 수 있다.

21 부동산 거래신고 등에 관한 법령상 토지거래계약을 허가받은 경우 그 토지를 허가받은 목적대로 이용하여야 하는 토지이용 의무기간으로 틀린 것은?

① 자기의 거주용 주택용지로 이용하려는 경우 ⇨ 2년

② 허가구역을 포함한 주민을 위한 편익시설의 설치에 이용하려는 경우 ⇨ 2년

③ 농업·축산업·임업 또는 어업을 영위하기 위한 경우 ⇨ 2년

④ 지정목적에 적합하다고 인정되는 사업을 시행 또는 시행하려는 자 ⇨ 5년

⑤ 건축물이나 공작물의 설치행위가 금지된 토지의 현상보존의 목적 ⇨ 5년

┃정답 및 해설

1. (○)　　2. (○)
3. (×) [해설] 행위제한이 완화되는 지역
4. (×) [해설] 시·군·구청장이 통지
5. (×) [해설] 지정에 대한 이의신청 불가
6. (○)　　7. (○)
8. (×) [해설] 200m² 이하이므로 허가가 필요 없다.
9. (○)　　10. (○)　　11. (○)
12. (×) [해설] 징수하여야 한다.
13. (×) [해설] 100분의 7
14. (○)　　15. (○)　　16. (○)　　17. (○)　　18. (○)　　19. (○)
20. ③ [해설] ① 완화 ② 5년 이내 ④ 시·군·구청장 ⑤ 이의신청 (×)
21. ④

제3편 | 중개실무(개별법)

테마 40 **분묘기지권 및 장사 등에 관한 법률**

━━━ **핵심포인트** ━━━

1. 분묘기지권

1. 분묘를 소유하기 위하여 타인의 토지를 사용할 수 있는 **지상권 유사의 물권**이다.

2. 분묘기지권 성립

> ① 토지소유자의 **승낙**을 얻어 분묘를 설치한 경우
> ② 타인소유의 토지에 소유자의 **승낙 없이** 분묘를 설치하여 20년간 평온, 공연하게 점유함으로써 분묘기지권을 시효 취득한 경우 ※ **원칙** : **지료** (×). 단, **청구시부터** (○)
> ③ **자기의 토지**에 분묘를 설치한 자가 그 분묘를 이장한다는 특약 없이 그 토지를 처분한 경우

3. 분묘의 기지뿐만 아니라 그 분묘의 설치목적인 분묘의 수호 및 제사에 필요한 범위 내에서 분묘기지 **주위의 공지**를 포함한 지역에까지 미친다.

4. 존속기간의 **약정이 없는 경우**에는 권리자가 분묘의 수호와 봉사를 계속하는 동안 분묘기지권도 존속한다. ※ 「**민법**」상의 **지상권규정**이 **적용되지 않는다.**

5. 지료 지급

> ① **자기소유 토지**에 분묘를 설치한 후 그 토지를 타인에게 양도한 경우에 특별한 사정이 없는 한 분묘의 기지에 대한 토지사용의 대가로서 **지료를 지급할 의무가 있다.**
> ② 분묘기지권자는 토지소유자가 지료 지급을 **청구한 때**로부터는 토지소유자에게 그 분묘 부분에 대한 지료를 지급할 의무가 있다.

6. 분묘기지권의 포기는 "**포기 의사표시**"로 충분하고 점유까지 포기해야 소멸하는 것은 아니다.

7. 평장이나 암장의 경우에는 유골이 매장되어 있어도 분묘기지권은 성립하지 않는다.

8. 분묘가 멸실된 경우라고 하더라도 **유골이 존재**하여 분묘의 원상회복이 가능하여 일시적인 멸실에 불과하다면, 분묘기지권은 소멸하지 않는다.

9. 분묘기지권은 기존의 분묘에만 인정되는 권리로 새로운 분묘를 설치할 권능은 없다.
   ※ **부부라 하더라도** 단분이든 쌍분형태든 **합장은 인정되지 않는다.**

2. 장사 등에 관한 법률

1. 사설묘지와 자연장지 면적

묘지	개인묘지(30㎡ 이하), 가족묘지(100㎡ 이하), 종중묘지(1,000㎡ 이하), 법인묘지 (10만㎡ 이상) ※ **재단법인**만 가능
자연장지	개인 자연장지(30㎡ 미만), 가족 자연장지(100㎡ 미만), 종중자연장지(2,000㎡ 이하), 공공법인 및 재단법인(5만㎡ 이상), 종교단체(4만㎡ 이하)

2. 신고 및 허가(관할 소재지 시장 등)

묘지	① 사후신고 : 개인묘지 설치 후 30일 이내 신고. ② 사전허가 : 가족묘지, 종중·문중묘지, 법인묘지
자연장지	③ 개인 자연장지는 조성 후 신고 - (사후 30일 이내 신고) ④ 가족, 종중·문중 자연장지 - **(사전신고)** ⑤ 법인의 자연장지 - (사전허가) ※ **재단법인, 공공법인, 종교단체**만 설치 가능

3. 「장사 등에 관한 법률」 시행 후(2001년)에 설치되는 분묘에 대해서는 이 법의 적용을 받아 무연분묘의 연고자는 당해 토지 소유자·묘지 설치자 또는 연고자에 대하여 토지 사용권 기타 분묘의 보존을 위한 권리를 주장할 수 없다.

   ※ 단, 「장사 등에 관한 법률」이 시행되기 이전(2001년)에 타인 소유의 토지에 소유자의 승낙 없이 분묘를 설치한 경우에는 **분묘기지권을 시효로 취득한다.**

4. **개인묘지**란 1기의 분묘 또는 해당 분묘에 매장된 자와 **배우자** 관계였던 자의 분묘를 같은 구역 안에 설치하는 묘지를 말한다.

5. **가족묘지의 분묘 1기 및 그 시설물의 총면적은 합장하는 경우 15㎡ 이하**이다.

6. **화장한 유골**을 매장하는 경우 매장 깊이는 지면으로부터 **30cm 이상**이어야 한다.

7. 분묘의 형태는 봉분, 평분 또는 평장으로 하되, **봉분의 높이는 지면으로부터 1m 이하,** 평분의 높이는 50cm 이하여야 한다.

8. 「민법」에 따라 설립된 **사단법인**은 법인묘지의 설치 허가를 받을 수 없다.

9. 법인묘지에는 **폭 5m 이상의 도로**와 그 도로로부터 각 분묘로 통하는 충분한 진출입로를 설치하고, 주차장을 마련하여야 한다.

10. 개인자연장지는 사후신고를, 가족 자연장지 및 종중·문중 자연장 관할 시장 등에게 **사전에 신고**하여야 한다. 단, 법인자연장지는 관할시장 등의 **허가**를 받아야 한다.

11. **분묘(1기)의 면적**

> 공설묘지, 가족묘지, 종중·문중묘지, 법인묘지 안의 분묘 1기 및 당해 분묘의 상석, 비석 등 시설물의 설치구역 면적: 10m²(합장 15m²) 초과 금지

12. **설치기간**

> ㉠ 공설묘지, 사설묘지에 설치된 분묘의 설치기간: 30년
> ⇨ 단, **30년간 1회에 한하여** 당해 설치기간 연장 가능
> ㉡ 기간 종료 분묘 처리: 종료된 날부터 1년 이내에 철거, 화장 또는 봉안

13. **타인 토지에 설치된 분묘처리**: 토지 소유자(점유자, 관리인 포함), 묘지 설치자 또는 연고자는 개장을 하려면 미리 **3개월 이상의 기간**을 정하여 분묘의 설치자 또는 연고자에게 알려야 한다.

14. 토지 소유자 또는 자연장지 조성자의 승낙 없이 다른 사람 소유의 토지 또는 자연장지에 자연장을 한 자 또는 그 연고자는 **토지사용권이나 그 밖에 자연장의 보존을 위한 권리를 주장할 수 없다.**

━━━━━ **대표문제 및 빈출지문 정리** ━━━━━

01 타인의 토지를 사용할 수 있는 지상권 유사의 물권이다. ( )

02 단순히 토지소유자의 설치승낙만을 받아 분묘를 설치할 경우 분묘의 설치자는 사용대차에 따른 차주의 권리를 취득한다. ( )

03 분묘기지권을 시효로 취득한 경우 토지 소유자가 토지 사용의 대가를 청구하면, 그때부터 지료 지급의무를 부담한다. ( )

04 「장사 등에 관한 법률」이 시행되기 전에 설치된 분묘의 경우 그 법의 시행 후에는 분묘기지권의 시효취득이 인정되지 않는다. ( )

05 「장사 등에 관한 법률」의 시행에 따라 그 시행일 이전의 분묘기지권은 존립 근거를 상실하고, 그 이후에 설치된 분묘에는 분묘기지권이 인정되지 않는다. ( )

06 최종으로 연장받은 설치기간이 종료한 분묘의 연고자는 설치기간 만료 후 1년 내에 분묘에 설치된 시설물을 철거해야 한다. ( )

07 개인자연장지는 그 면적이 30m² 미만이어야 하고, 개인자연장지의 조성을 마친 후 30일 이내에 관할 시장 등에게 신고하여야 한다. ( )

08 남편의 분묘구역 내에 처의 분묘를 추가로 설치한 경우, 추가설치 후 30일 이내에 해당 묘지의 관할 시장 등에게 신고해야 한다. ( )

09 분묘의 특성상 타인의 승낙 없이 분묘를 설치한 경우에도 즉시 분묘기지권을 취득한다. ( )

10 시장 등은 묘지의 설치·관리를 목적으로 「민법」에 따라 설립된 재단법인에 한정하여 법인묘지의 설치·관리를 허가할 수 있다. ( )

11 누구든지 공설묘지 또는 사설묘지에 따른 묘지 외의 구역에 매장을 하여서는 아니 된다. ( )

12 사망 또는 사산한 때부터 24시간이 지난 후가 아니면 매장 또는 화장을 하지 못한다. ( )

13 설치기간을 계산할 때 합장 분묘인 경우에는 합장된 날을 기준으로 계산한다. ( )

14 토지 소유자의 승낙 없이 설치한 분묘는 관할 시장 등의 허가를 받아 분묘에 매장된 시신 또는 유골을 개장할 수 있다. 이때 미리 30일 이상의 기간을 정하여 분묘의 설치자 또는 연고자에게 알려야 한다. ( )

15 분묘와 관련된 토지에 관하여 매수의뢰인에게 설명한 내용으로 옳은 것은?
① 가족묘지 1기 및 그 시설물의 총면적은 합장하는 경우 20m²까지 가능하다.
② 최종으로 연장받은 설치기간이 종료한 분묘의 연고자는 설치기간 만료 후 2년 내에 분묘에 설치된 시설물을 철거해야 한다.
③ 평장의 경우에도 유골이 매장되어 있는 때에는 분묘기지권이 인정된다.
④ 단순히 토지소유자의 설치승낙만을 받아 분묘를 설치할 경우 분묘의 설치자는 사용대차에 따른 차주의 권리를 취득한다.
⑤ 토지소유자의 승낙 없이 타인 소유의 토지에 자연장을 한 자는 토지소유자에 대하여 시효취득을 이유로 자연장의 보존을 위한 권리를 주장할 수 없다.

16 묘소가 설치되어 있는 임야를 중개하면서 설명한 내용으로 틀린 것은?

① 분묘가 1999년에 설치되었다 하더라도 「장사 등에 관한 법률」이 2001년에 시행되었기 때문에 분묘기지권을 시효취득할 수 없다.

② 법인묘지에는 폭 5m 이상의 도로와 그 도로로부터 각 분묘로 통하는 충분한 진출입로를 설치하여야 한다.

③ 자기 소유 토지에 분묘를 설치한 사람이 분묘 이장의 특약 없이 토지를 양도함으로써 분묘기지권을 취득한 경우, 특별한 사정이 없는 한 분묘기지권이 성립한 때부터 지료 지급 의무가 있다.

④ 분묘기지권이 시효취득 된 경우 특별한 사정이 없는 한 취득자는 지료를 지급할 필요가 없다.

⑤ 설치기간이 끝난 분묘의 연고자는 설치기간이 끝난 날부터 1년 이내에 해당 분묘에 설치된 시설물을 철거하고 매장된 유골을 화장하거나 봉안해야 한다.

정답 및 해설

1. (○)
2. (×) [해설] 지상권 유사의 물권
3. (○)
4. (×) [해설] 인정된다.
5. (×) [해설] 존립 근거를 상실되지 않고, 분묘기지권은 존속한다.
6. (○)　　 7. (○)　　 8. (○)
9. (×) [해설] 20년 이상 평온·공연, 점유하여야 시효취득
10. (○)　　 11. (○)　　 12. (○)　　 13. (○)
14. (×) [해설] 3개월
15. ⑤ [해설] ① 15m² ② 1년 ③ 인정되지 않는다. ④ 지상권 유사 물권
16. ① [해설] 시효취득이 가능하다.

테마 41　중개대상물 확인·설명서 작성

■■■■■ **핵심포인트** ■■■■■

1. 대상건물이 위반건축물인지 여부는 **건축물대장**을 확인하여 기재한다.

2. "비선호시설", 입지조건 및 관리에 관한 사항은 **개업공인중개사가 기본적**으로 조사·확인한 사항을 적는다.

3. 거래예정금액 등의 "거래예정금액"은 **중개가 완성되기 전** 거래예정금액을, "개별공시지가(m²당)" 및 "건물(주택)공시가격"은 **중개가 완성되기 전** 공시된 공시지가 또는 공시 가격을 적는다. ※ **다만, 임대차계약**의 경우에는 "개별공시지가" 및 "건물(주택)공시가격"을 **생략할 수 있다.**

4. 재산세와 종합부동산세는 6월 1일 기준 대상물건 소유자가 납세의무를 부담한다.

5. 취득시 부담할 조세의 종류 및 세율은 중개가 완성되기 전 「지방세법」의 내용을 확인하여 적는다. ※ 다만, **임대차**의 경우에는 **제외**한다.

6. 소방시설 중에(단독경보형감지기), 환경조건란(일조량 · 소음 · 진동)은 **주거용 건축물 확인 · 설명서에만** 기재할 사항이다. ※ **비주거용 소방시설**에는 **소화전, 비상벨**을 기재한다.

7. '건폐율 상한 및 용적률 상한'은 **시 · 군의 조례**를 확인하여 기재한다.

8. '거래예정금액'은 개업공인중개사 기본 확인사항으로 **중개가 완성되기 전** 거래예정금액을 기재한다.

9. 주택의 중개보수는 시 · 도 조례로 정한 요율한도 내에서 중개의뢰인과 개업공인중개사가 서로 협의하여 결정하며, **부가가치세는 별도로 부과될 수 있다**.

10. 확인 · 설명서에 개업공인중개사와 소속공인중개사가 함께 **서명 및 날인**해야 한다.

11. **주거용 중개대상물 확인 · 설명서**

기본 확인사항	세부 확인사항
1. 대상물건의 표시 2. 권리관계 3. 토지이용계획, 공법상 이용제한 및 거래규제에 관한 사항 4. 임대차확인사항 5. 입지조건 6. 관리에 관한 사항 7. 비선호시설(1km 이내) 8. 거래예정금액 등 9. 취득시 부담할 조세의 종류 · 세율	10. 실제권리관계 또는 공시되지 않은 물건의 권리 사항 11. 내 · 외부 시설물의 상태 12. 벽면 · 바닥면 및 도배상태 13. 환경조건(일조, 소음, 진동) 14. 현장안내

12. 실제권리관계 등에 관한 사항은(유치권, 법정지상권, 임대차, 토지에 부착된 조각물 및 정원수, 계약 전 소유권 변동 여부 등) **매도(임대)의뢰인이 고지한 사항**을 기재한다.

13. **비주거용 설명서**에는 "입지조건"에 교육시설은 기재하지 않는다. 또한 비선호시설(1km 이내)의 유무를 체크하지 않는다.

14. **입목광업 · 공장재단에 관한 서식 : 재단목록 또는 입목의 생육상태**, 그 밖의 참고사항을 기재하여야 한다.

15. **4종 서식 공통적 기재사항 : 확인 · 설명자료, 권리관계(갑구, 을구), 거래예정금액, 취득 관련 조세, 실제권리관계 또는 미공시 물건, 중개보수 · 실비 등이다.**

16. 공동중개시 참여한 개업공인중개사(소속공인중개사를 포함)는 모두 서명 및 날인해야 하며, 2명을 넘는 경우에는 별지로 작성하여 첨부한다.

━━━━━ **대표문제 및 빈출지문 정리** ━━━━━

01 법인의 분사무소에서 중개가 완성되어 거래계약서를 작성하면서 확인·설명서를 작성한 경우에는 대표자가 서명 및 날인해야 한다. ( )

02 건축물의 방향은 주택의 경우 거실이나 안방 등 주실의 방향을, 그 밖의 건축물은 주된 출입구의 방향을 기준으로 남향, 북향 등 방향을 적는다. ( )

03 "실제권리관계 또는 공시되지 아니한 물건의 권리에 관한 사항"은 매도(임대)의뢰인이 고지한 사항을 기재한다. ( )

04 공인중개사법령상 개업공인중개사가 주거용 건축물의 중개대상물 확인·설명서 [I]를 작성하는 방법에 관한 설명으로 틀린 것은?
① 개업공인중개사 기본 확인사항은 개업공인중개사가 확인한 사항을 적어야 한다.
② 건축물의 내진설계 적용 여부와 내진능력은 개업공인중개사 기본 확인사항이다.
③ 거래예정금액은 중개가 완성되기 전 거래예정금액을 적는다.
④ 벽면·바닥면 및 도배상태는 매도(임대)의뢰인에게 자료를 요구하여 확인한 사항을 적는다.
⑤ 「입목에 관한 법률」에 따른 입목을 중개하고 작성한 확인·설명서에는 "토지이용계획, 공법상 이용제한 및 거래규제"에 관한 항목을 기재하여야 한다.

05 공인중개사법령상 중개대상물 확인·설명서에 명시된 기재사항으로 틀린 것은?
① 주거용 확인·설명서 : 환경조건(일조, 소음 진동)
② 비주거용 확인·설명서 : 소화전 및 비상벨을 기재
③ 토지용 확인·설명서 : 1km 이내의 비선호시설 존재 유무
④ 4종의 확인·설명서 공통 기재 : 도로, 대중교통 등 입지조건
⑤ 입목·광업재단·공장재단의 확인·설명서 : 재단목록 또는 입목의 생육상태

┃**정답 및 해설**

1. (×) [해설] 대표자가 아닌 책임자가 서명 및 날인해야 한다.
2. (○)   3. (○)
4. ⑤ [해설] 주거, 비주거, 토지용의 설명서에는 공통적으로 기재하나 입목용은 기재하지 않는다.
5. ④ [해설] 입목 등 확인·설명서에는 기재사항이 아니다.

테마 42 거래계약체결 및 조사와 전자계약(시스템)

━━━━━━ **핵심포인트** ━━━━━━

1. 거래계약결 전 조사·확인

1. 개업공인중개사는 매도 등 처분을 하려는 자가 진정한 권리자와 동일인인지의 여부를 **부동산 등기사항증명서와 주민등록증** 필요할 때에는 등기권리증(등기필정보)의 소지 여부 등을 조사·확인할 의무가 있다.

2. **미성년자, 피한정후견인인** 경우에는 개업공인중개사는 법정대리인과 직접 계약을 체결하든지, 법정대리인의 동의 여부를 확인 후 계약을 체결하여야 한다.

3. 후견인과 계약체결시에는 **후견감독인 동의** 여부도 확인하여야 한다.

4. 전대차를 중개하는 경우는 **원임대인이 동의 여부**와 전대차의 보증금, 기간 및 권리상의 하자가 없는지 조사·확인하여야 한다.

5. 종중소유의 재산(총유)은 **종중규약이 없으면 종중총회의** 결의에 의하여야 한다.

6. 상속재산은 공유재산에 해당하므로 계약체결시에 원칙적으로 **전원 동의**를 확인하여야 한다.

7. 대리권자 확인
    ① **임의대리인**: 본인의 인감증명서 첨부된 위임장을 확인하고, 계약단계에서는 등기필증을 제시하도록 요구하여 확인하여야 한다.
    ② **법정대리인**: 가족관계증명서, 후견등기사항증명서 등으로 확인한다.

8. 매매계약을 체결할 대리권을 수여받은 대리인은 특별한 사정이 없는 한 그 약정한 바에 따라 **중도금이나 잔금을 수령할 권한도 있다.**

9. **법인의 재산을 처분하는 경우**: 개업공인중개사는 매도인인 법인의 법인격 유무, 법인의 대표자의 처분권 유무 등을 법인등기부등본을 통하여 조사하여야 한다. 또한 대표권의 제한사항은 정관과 법인등기부등본을 통해 확인하여야 한다.

10. 공동소유의 경우
    (**예 공유의 경우**: 공유지분의 처분은 자유이나, **공유물을 처분하거나 변경**할 때에는 공유자 전원의 동의가 필요하므로 이를 확인하여야 한다)

11. 거래계약서 작성시에 필요적 기재 사항 ⇨ 〈★ 당.물.계.대 − 이.도.조 − 확.특〉!

12. 임의규정은 당사자 간 특약이 가능하다. 예컨대, **매도인의 담보책임, 과실의 귀속, 위험부담, 주물과 종물, 약정해제권** 등이 있다.

2. 전자계약(시스템)

1. 개업공인중개사는 종이 계약서 및 중개대상물 확인·설명서, 인장이 필요 없다.

2. 건축물대장, 토지대장 같은 각종 부동산서류에 대해 자동조회가 가능하다.

3. **개업공인중개사는 별도로 거래계약서 및 확인·설명서 작성 및 서명 및 날인, 교부, 보존의무가 없다.** ※ 공인전자문서센터에서 전자문서를 보관함.

4. 개업공인중개사가 부동산거래계약시스템을 통하여 부동산거래계약을 체결한 경우, **부동산거래계약 신고서를 제출한 것으로 본다.**

5. 부동산거래계약시스템(정보처리시스템)을 이용하여 주택임대차계약을 체결한 경우, 임차인은 해당 시스템을 통하여 전자계약인증서에 **확정일자 부여를 신청**할 수 있다.

━━━━━━ 대표문제 및 빈출지문 정리 ━━━━━━

01 부동산거래계약시스템을 이용하여 거래계약을 체결한 경우, 거래계약 신고서를 제출한 것으로 보며, 주택임대차계약의 경우에는 확정일자가 자동부여된다.   (   )

02 개업공인중개사가 거래계약서 작성 및 당사자 확인에 관하여 설명한 내용으로 틀린 것은?

① 하자담보책임은 무과실 책임에 해당함으로 거래계약서에 명시되지 않아도 매도인은 「민법」 규정에 의하여 담보책임을 지게 된다고 설명하였다.

② 매도의뢰인이 미성년자인 경우 혼인을 하였더라도 자기 소유의 주택 처분시 법정대리인의 동의를 받아야 한다고 설명하였다.

③ 공동으로 상속받은 부동산을 매매하는 경우 상속인 모두와 직접 체결하거나 위임을 받은 상속인과 체결하여야 한다고 설명하였다.

④ 후견인이 부동산거래와 같은 중요한 법률행위에 대하여 동의 또는 대리를 하는 경우에는 후견감독인의 동의를 받아야 한다고 설명하였다.

⑤ 남편명의의 부동산을 처가 매도하는 경우, 남편의 대리권 수여 여부를 본인의 인감증명서가 첨부된 위임장 등을 통하여 확인하여야 한다고 설명하였다.

정답 및 해설

1. (○)
2. ② [해설] 성년의제로 동의 필요 없다.

테마 43 | 부동산등기 특별조치법상 검인제도

======= **핵심포인트** =======

1. **검인 대상 : 토지, 건축물에 대한 계약을 원인으로 한 소유권 이전등기**를 하기 위해서는 계약서 원본 또는 확정 판결정본(화해·인락·조정조서 포함)에 검인을 받아 제출하여야 한다.

검인 대상 (○)	검인 대상 (×)
① 매매·교환·증여계약서 ② 공유물분할계약서 ③ 집행력 있는 판결서, 화해·인락조서·조정 조서 등	① 경매·공매·상속·취득시효 등 ② 부동산거래 신고필증을 교부받은 경우 ③ 토지거래허가를 받은 매매계약서

2. 검인은 계약을 체결한 당사자 중 1인이나 그 위임을 받은 자, 계약서를 작성한 변호사와 법무사 및 **개업공인중개사가 신청할 수 있다.**

3. 계약을 원인으로 소유권이전등기를 신청할 때 검인을 받아야 한다. 따라서, **용익물권 설정이나 담보물권 설정**은 검인 대상이 아니다.

4. **부동산거래 신고필증**을 교부받으면 검인을 받은 것으로 의제된다.

5. 시장·군수·구청장은 계약서 또는 판결서 등의 **형식적 요건**의 구비 여부만을 확인하고 지체 없이 검인을 하여 신청인에게 교부하여야 한다.

6. 부동산의 소유권을 이전 계약을 체결한 자가 **다시 제3자와 계약을 체결하고자 할 때에는 먼저 체결된 계약**의 계약서에 검인을 받아야 한다.

7. 「부동산등기 특별조치법」상 등기를 하지 아니하고, 제3자에게 전매하는 행위를 형사처벌 하도록 되어 있으나 당사자 사이의 **중간생략등기 합의**에 관한 사법상 효력까지 무효는 아니다.

8. 중간생략등기의 합의하에 최종 매수인과 최초 매도인을 당사자로 하는 **토지거래허가**를 받아 최초 매도인으로부터 최종 매수인 앞으로 경료된 소유권이전등기는 **무효이다.**

======= **대표문제 및 빈출지문 정리** =======

01 토지의 소유권을 이전받은 매수자가 매수대금의 지급을 위하여 토지에 저당권을 설정하는 경우, 저당권설정계약서에 검인을 받아야 한다. ( )

02 「부동산등기 특별조치법」은 조세포탈과 부동산투기 등을 방지하기 위하여 형사처벌을 하도록 규정되어 있으나 이는 당사자 사이의 중간생략등기 합의에 관한 사법상 효력까지 무효가 되는 것은 아니다. ( )

03 중간생략등기의 합의하에 최종 매수인과 최초 매도인을 당사자로 하는 토지거래허가를 받아 최종 매수인 앞으로 경료된 소유권이전등기는 무효이다. ( )

04 「부동산 거래신고 등에 관한 법률」에 따라 토지거래계약의 허가를 받은 경우와 부동산 거래계약 신고필증을 받은 경우 검인을 받은 것으로 본다. ( )

05 다음 중 검인계약서에 대한 설명으로 틀린 것은?

① 계약을 원인으로 소유권 이전등기를 신청할 때 필요하다.

② 부동산의 소재지를 관할하는 시·군·구청장 또는 그 권한의 위임을 받은 자에게 검인을 신청한다.

③ 시장 등으로부터 권한을 위임받을 수 있는 자는 읍·면·동장이며, 시장 등이 검인의 권한을 위임한 때에는 지체 없이 관할등기소장에 통지하여야 한다.

④ 2개 이상의 시·군·구에 있는 수 개의 부동산에 검인을 받는 경우 그중 1개의 시·군·구를 관할하는 시장 등에게 검인을 신청해야 한다.

⑤ 등기원인을 증명하는 서면이 집행력 있는 판결서 또는 판결과 같은 효력을 갖는 조서인 때에는 판결서 등에 검인을 받는다.

> **정답 및 해설**
>
> 1. (×) [해설] 소유권이등기만 검인대상이다. 따라서, 지상권, 저당권, 임대차 등은 검인대상이 아니다.
> 2. (○)   3. (○)   4. (○)
> 5. ④ [해설] 그중 1개의 시·군·구 관할 시장 등에게 검인을 신청할 수 있다.

테마 44   부동산 실권리자명의 등기에 관한 법률

━━━ **핵심포인트** ━━━

누구든지 부동산물권을 신탁약정에 의하여 수탁자 명의로 등기하여서는 아니 된다.

1. 부동산에 관한 **소유권 기타 물권**(가등기 포함) ※ **채권**(임대차 등) **적용 (×)**

2. **명의신탁약정**은 언제나 무효이다.

3. 명의신탁약정에 따른 **물권변동은 무효**이다.

4. 명의신탁자는 명의신탁약정 및 물권변동의 무효를 가지고 제3자에게 대항하지 못한다.

   ⇨ 즉, **제3자는 선의 또는 악의와 관계없이** 부동산에 관한 권리를 취득한다. 다만, 수탁자로부터 신탁재산을 매수한 제3자가 수탁자의 배임행위에 **적극 가담한 경우**, 수탁자와 제3자 사이의 계약은 반사회적 법률행위로서 **무효가 된다.**

www.pmg.co.kr

1. 명의신탁에서 제외되는 경우 〈★ 신.양 – 상.담〉

1. 「신탁법」 등에 의한 **신탁재산**인 사실을 등기한 경우
2. **양도담보**: 채무의 변제를 담보하기 위하여 채권자가 물권 또는 가등기하는 경우
3. **상호명의신탁**: 부동산의 위치와 면적을 특정하여 2인 이상이 공유로 등기하는 경우
4. **가등기담보**: 채무의 변제를 담보하기 위하여 채권자가 물권 또는 가등기하는 경우

2. 종중 및 배우자, 종교에 대한 특례 〈★ 종.종.배〉

조세포탈, 강제집행의 면탈 또는 법령상 제한의 회피를 목적으로 하지 아니하는 경우, 명의신탁약정·명의수탁자로서의 등기이전은 유효하고 과징금, 이행강제금, 벌칙 등의 규정은 적용되지 않는다.

① **종중**이 보유한 부동산에 관한 물권을 종중(종중과 그 대표자를 같이 표시하여 등기한 경우 포함) 외의 자의 명의로 등기한 경우
② **종교단체**의 명의로 그 산하 조직이 보유한 부동산에 관한 물권을 등기한 경우
③ **배우자** 명의로 부동산에 관한 물권을 등기한 경우

3. 명의신탁 유형

1. 2자 간 명의신탁

① 명의신탁자와 명의수탁자 간에 **명의신탁약정은 무효**, 소유권은 명의신탁자에게 귀속된다.
   ⇨ 따라서, 수탁자 명의의 소유권이전등기 말소를 청구할 수 있다. 즉, 수탁자를 상대로 원인무효를 이유로 또는 진정명의 회복을 원인으로 이전등기를 청구할 수 있다.
② 수탁자가 제3자에게 부동산을 매각한 경우, 횡령죄는 성립하지 않는다.

2. 3자 간 등기 명의신탁(중간생략명의신탁)

① 소유자와 **신탁자가 거래당사자로** 매매계약을 체결하고, 수탁자명의로 소유권이전등기를 하는 형태이다.
② 신탁자와 수탁자 사이에 **명의신탁약정 및 소유권이전 등기는 무효**이다.
③ 신탁자는 **매도자를 대위**하여 수탁자 명의의 등기의 말소하고, 매매계약에 기한 소유권이전등기를 할 수 있다. ⇨ 신탁자는 수탁자를 상대로 **명의신탁해지를 원인으로 직접** 소유권이전등기를 청구할 수 없다.
④ 수탁자가 제3자에 매각한 경우, 제3자는 선·악을 불문하고 소유권을 취득한다.
   ⇨ **수탁자는 횡령죄가 성립하지 않는다.**

3. 계약형 명의신탁

① 신탁자가 수탁자에게 자금을 지급하고, **수탁자가 계약의 일방당사자**가 되어 매매계약을 체결하고, 수탁자인 자기 명의로 이전등기를 하는 형태이다.

② **매도인이 선의인 경우**: 매도인과 수탁자 간의 매매계약 및 소유권이전등기는 유효이다. 따라서, 신탁자는 소유권이전청구권을 행사할 수는 없다.

⇨ 다만, 명의수탁자를 상대로 부당이득반환을 청구할 수 있다.

> ㉠ **선의 판단시기**: **계약체결시를 기준으로 한다. ※ 등기신청시가 아니다.**
> ㉡ **부당이득이란**: 부동산 자체가 아니라 "**제공한 매수자금**"을 말한다.

③ 수탁자가 제3자에 매각한 경우, 제3자는 선·악을 불문하고 소유권을 취득한다.

⇨ **수탁자는 횡령죄가 성립하지 않는다.**

④ **매도인이 악의인 경우**

> ㉠ 매도인과 매수인 사이의 매매계약과 그에 따른 물권변동은 무효이다.
> ㉡ 명의신탁자와 명의수탁자 간의 명의신탁약정은 항상 무효이다.

═══════ **대표문제 및 빈출지문 정리** ═══════

01 명의수탁자로부터 신탁재산을 매수한 제3자가 명의수탁자의 배임행위에 적극적으로 가담한 경우, 대외적으로 수탁자와 제3자 사이의 매매계약은 무효이다. ( )

02 명의수탁자의 점유는 권원의 객관적 성질상 타주점유에 해당되므로, 명의수탁자 또는 그 상속인은 소유권을 점유시효취득할 수 없다. ( )

03 배우자 명의로 토지 소유권이전등기를 한 경우 강제집행의 면탈을 목적으로 하지 않은 명의신탁은 유효하다. ( )

04 누구든지 부동산에 관한 물권(소유권, 지상권, 전세권, 저당권 등)을 명의신탁약정에 의하여 명의수탁자의 명의로 등기하여서는 아니 된다. ( )

05 양도담보를 목적으로 이전등기를 하는 경우에는 채무자·채권금액 및 채무변제를 위한 담보라는 뜻이 기재된 서면을 등기신청서와 함께 등기관에게 제출하여야 한다. ( )

06 명의신탁자가 명의수탁자에 대하여 가지는 매매대금 상당의 부당이득반환청구권에 기하여 유치권을 행사할 수 없다. ( )

07 신탁받은 토지상에 수탁자가 건물 신축 후 신탁계약 해지된 경우에 수탁자는 건물에 대하여 관습상 법정지상권을 취득한다. ( )

08 명의신탁약정에 기하여 신탁자에서 수탁자로 소유권이전등기가 마쳐졌다는 이유만으로 당연히 불법원인급여에 해당한다고 볼 수 없다. ( )

09 명의신탁자가 계약의 당사자가 되는 3자 간 등기명의신탁이 무효인 경우 신탁자는 매도인을 대위하여 수탁자 명의의 등기의 말소를 청구할 수 있다. ( )

10 명의신탁등기가 무효가 된 후 신탁자와 수탁자가 혼인하여 그 등기명의자가 배우자로 된 경우, 특례를 적용하여 그 명의신탁등기는 당사자가 혼인한 때로부터 유효하게 된다. ( )

11 제3자에 대한 방해배제나 말소청구는 수탁자가 직접청구할 수 있으며, 신탁자는 대위하여 청구할 수 있다. ( )

12 甲과 친구 乙은 乙을 명의수탁자로 하는 계약명의신탁약정을 하였고, 이에 따라 乙은 2024. 3. 3. 丙소유 X토지를 매수하여 乙명의로 등기하였다. 이 사안에서 개업공인중개사가 「부동산 실권리자명의 등기에 관한 법률」의 적용과 관련하여 설명한 내용으로 옳은 것을 모두 고른 것은? (다툼이 있으면 판례에 따름)

> ㉠ 甲과 乙의 위 약정은 무효이다.
> ㉡ 甲과 乙의 위 약정을 丙이 알지 못한 경우라면 그 약정은 유효하다.
> ㉢ 甲과 乙의 위 약정을 丙이 알지 못한 경우, 甲은 X토지의 소유권을 취득한다.
> ㉣ 甲과 乙의 위 약정을 丙이 안 경우, 乙로부터 X토지를 매수하여 등기한 丁은 그 소유권을 취득하지 못한다.

① ㉠　　② ㉣　　③ ㉠, ㉡
④ ㉡, ㉢　　⑤ ㉡, ㉢, ㉣

정답 및 해설

1. (○)　2. (○)　3. (○)　4. (○)　5. (○)　6. (○)
7. (×) [해설] 취득하지 못한다.
8. (○)　9. (○)　10. (○)　11. (○)
12. ① [해설] ㉡ 무효 ㉢ 乙은 X토지의 소유권을 취득 ㉣ 丁은 소유권 취득

테마 45 주택임대차보호법

━━━ 핵심포인트 ━━━

1. 적용범위

① **주거용 건물**의 전부 또는 일부의 임대차에 관하여 이를 적용한다.
② **임차주택의 일부가 주거 외의 목적**으로 사용되는 겸용 건물의 경우에도 적용된다.
③ 주택의 등기하지 아니한 전세계약(미등기전세·채권적 전세)에 관하여 이를 준용한다.
   ※ **미등기, 무허가, 법상 등록한 외국인, 전대차에 적용된다.**
④ 원칙적으로 **법인**에는 적용되지 않는다. 다만, 예외적으로 적용된다.

※ **임차인은 2년 미만**으로 정한 기간이 유효함을 주장할 수 있다.
※ **임대차 종료한 경우**: 임차인이 보증금을 받을 때까지는 임대차관계는 존속하는 것으로 본다.

2. 대항력 ⇨ 〈주택의 인도 + 주민등록〉

1. 경·공매시에 선순위 담보물권자 등에게는 대항력 주장할 수 없다.

2. 주택의 인도 및 주민등록이라는 대항요건은 그 대항력 **취득시 그리고 계속 존속**해야 한다.

3. 대항요건인 주택의 인도와 주민등록을 하면 **익일 0시부터** 대항력을 취득한다.
   ※ **확정일자는 대항요건이 아니다.** ⇨ **우선변제요건이다.**

4. **단독주택(다가구)의 경우**: 임차인이 전입신고를 하는 경우 지번만 기재하면 된다.
   ※ 위 건물의 **호수까지 기재할 의무가 없다.**

5. **법인의 직원**이 주민등록을 마쳤다 하여 이를 법인의 주민등록으로 볼 수는 없으므로, 법인이 주택을 인도받고 + 확정일자를 받았더라도 우선변제권을 주장할 수 없다.

6. 임차인이 전입신고를 올바르게 하였다면 **담당 공무원의 착오**로 주민등록표상에 지번을 틀리게 기재하였다 하더라도 대항력이 인정된다.

3. 묵시적 갱신(법정갱신)

1. **임대인이 임대차기간이 끝나기 6개월 전부터 2개월 전**까지의 기간에 임차인에게 갱신 거절 통지 또는 계약조건을 미변경시에 갱신 불가통지를 하지 아니한 경우에 그 **기간이 끝난 때에 전 임대차와 동일한 조건으로** 다시 임대차한 것으로 본다.
   ⇨ 임차인이 임대차기간이 끝나기 **2개월 전까지 통지**하지 아니한 경우에도 또한 같다.

2. 묵시적 갱신이 된 경우 **임차인은 언제든지** 임대인에게 계약해지를 통지할 수 있다. 임대인이 그 통지를 받은 날부터 **3개월이 지나면** 그 효력이 발생한다.

3. **2기의 차임액**에 달하도록 연체하거나 그 밖에 임차인으로서의 의무를 현저히 위반한 임차인에 대하여는 적용하지 아니한다.

4. 계약갱신요구권

1. 법정갱신에도 불구하고 **임차인이 임대차 기간이 끝나기 6개월 전부터 2개월 전까지** 계약갱신을 요구할 경우, 임대인은 정당한 사유 없이 거절하지 못한다.

   ⇨ **다만, 다음 각 호의 경우에는 거절할 수 있다.**

   > 1. **2기의 차임액을 연체한 사실 있는 경우**
   > 2. 거짓이나 그 밖의 **부정한 방법으로 임차**한 경우
   > 3. 합의하여 임대인이 **상당한 보상**을 제공한 경우
   > 4. **임대인의 동의 없이** 주택의 **전부 또는 일부를 전대**한 경우
   > 5. 임차인이 주택의 전부 또는 일부를 **고의나 중대한 과실**로 파손한 경우
   > 6. 주택의 전부 또는 일부가 멸실되어 임대차의 **목적을 달성하지 못할 경우**
   > 7. 임대인이 주택의 **전부 또는 대부분을 철거하거나 재건축 할 필요가 있는 경우**
   >   가. 계약 체결 당시 공사시기 및 소요기간 등을 포함한 철거 또는 재건축 계획을 임차인에게 구체적으로 고지하고 그 계획에 따르는 경우
   >   나. 건물이 노후 · 훼손 또는 일부 멸실되는 등 안전사고의 우려가 있는 경우
   >   다. 다른 법령에 따라 철거 또는 재건축이 이루어지는 경우
   > 8. 임대인(임대인의 직계존속 · 직계비속을 포함)이 주택에 **실제 거주하려는 경우**
   > 9. 그 밖에 임차인이 의무를 현저히 위반 등 임대차를 계속하기 어려운 **중대한 사유**가 있는 경우

2. 임차인은 계약갱신요구권을 **1회에 한하여** 행사할 수 있다. 이 경우 갱신되는 임대차의 존속기간은 **2년으로 본다.**

3. **갱신요구권 행사 후 계약해지**

   > ① 임차인은 **언제든지** 임대인에게 계약해지를 통지할 수 있다.
   > ② 임대인이 그 통지를 받은 날부터 **3개월이 지나면** 그 효력이 발생한다.

4. **갱신요구권의 효과**
   ① 갱신되는 임대차는 전 임대차와 동일한 조건으로 다시 계약된 것으로 본다.
   ② 다만, 증액청구는 약정한 차임이나 보증금의 20분의 1(5%)의 금액을 초과하지 못한다.
   ⇨ **증액청구**는 임대차계약 또는 증액이 있은 후 1년 이내에는 하지 못한다.
   ③ **임차인의 감액청구 : 횟수와 금액의 제한이 없다.**

   > ※ 증액제한은 묵시의 갱신이나 계약갱신요구권에 따른 계약에는 적용되나 다만, 임대차계약이 종료된 후 **재계약을 하는 경우**에는 적용되지 않는다.

5. 최우선변제권(대항요건 + 소액보증금)

▷ **주택가액**(대지 포함)**의 1/2 범위 내에서 보증금 중 일정액을 지급**

1. 소액보증금

> 1. **서울**: 1억 6천 5백만원 이하 − 5천 5백만원
> 2. **과밀, 세종특별자치시, 용인, 화성 및 김포**: 1억 4천5백만원 이하 − 4천800만원
> 3. **광역시**(안산, 광주, 파주, 이천 평택): 8천5백만원 이하 − 2천800만원
> 4. **그 밖의 지역**: 7천5백만원 이하 − 2천5백만원

2. 임차인이 별도로 전세권설정등기를 마쳤더라도 임차인이 「주택임대차보호법」상의 대항요건을 상실하면 이미 취득한 「**주택임대차보호법**」**상**의 대항력 및 우선변제권을 상실한다.

3. **점포 및 사무실로 사용되던 건물에 근저당권이 설정된 후** 그 건물이 주거용 건물로 용도 변경되어 이를 임차한 소액임차인도 근저당권자보다 우선하여 변제받을 권리가 있다.

4. **나대지에 저당권이 설정된 후** 지상에 건물이 신축된 경우 건물의소액임차인은 그 저당권 실행에 따른 **대지의 환가대금**에 대하여 우선변제를 받을 수 없다.

6. 우선변제권(대항요건 + 확정일자)

1. **요건**: **대항요건**(주택의 인도 + 전입신고) + **확정일자인**

2. 확정일자는 주택 소재지의 읍·면사무소, 동 주민센터 또는 시·군·구 출장소, 법원, 등기소, 공증인 등에서 부여한다.

3. 확정일자를 갖춘 임차인은 당해 **임차보증금 전액**에 대해 후순위권리자 기타 채권자보다 우선하여 변제를 받을 수 있다.

4. 확정일자를 받은 임대차계약서에 임대차 목적물을 표시하면서 아파트의 명칭과 그 전유부분의 동·호수의 기재를 누락하였다 하더라도 **우선변제권은 인정된다.**

5. 대항요건을 갖춘 날 또는 그 이전에 확정일자를 받은 경우에도 우선변제일은 **대항요건이 기준일**이 된다.

> ▷ 따라서 ㉠ 대항요건이 저당권 설정등기일과 **같다면** 항상 저당권자가 우선한다.
> ㉡ 저당권 설정일이 대항요건일 보다 **하루 늦다면** 임차권이 우선한다.

6. 임대차계약을 **체결하려는 자는 임대인의 동의**를 받아 확정일자 부여기관에 해당 주택의 확정일자 부여일, 차임 및 보증금 등 정보제공을 요청할 수 있다.

7. 임대차계약을 체결할 때 임대인은 임차인에게 다음 사항을 제시하여야 한다.

> 1. **선순위임차인의 정보**(확정일자 부여일, 차임 및 보증금 등)**제공의무**
> 2. **납세증명서**(국세납세증명서 및 지방세납세증명서)**제시의무**
>   ※ 다만, 임대인이 임대차계약을 체결하기 전에 열람에 동의함으로써 갈음 가능

8. 주택의 임대차에 **이해관계가 있는 자**는 확정일자부여기관에 해당 주택의 확정일자 부여일, 차임 및 보증금 등 정보의 제공을 요청할 수 있다.

9. 임차인이 보증금반환청구소송을 통한 확정판결 등에 기해 강제경매를 신청하는 경우 **반대채무의 이행 또는 이행의 제공을 집행개시요건**으로 하지 않는다.

10. **대항력과 우선변제권을 취득한 임차인**이 배당요구를 하였으나 보증금전액을 배당받지 못한 때에는 그 잔액을 반환받을 때까지 매수인에게 임대차관계의 존속을 주장할 수 있다.

11. 임차인이 경매절차에서 배당금을 수령하기 위해서는 주택을 **경락인에게 먼저 인도**하여야 한다.

12. 임차인은 경매절차에서 배당요구의 종기까지 **배당요구**를 해야 한다. ⇨ 다만, **임차인이 보증금을 반환받기 위하여 스스로 강제경매를 신청한 경우와 임차권등기**가 경료된 경우는 배당신청을 아니해도 된다.

7. 임차권 등기명령

1. 임대차가 **종료된 후에 보증금**(전부 또는 일부)을 반환받지 못한 임차인 임차주택의 소재지를 관할하는 지방법원·지방법원지원 또는 시·군 법원에 신청

2. **임대인에게 임차권등기명령이 송달되기 전에도 임차권등기명령을 집행할 수 있다.**

3. 신청서에는 신청의 취지 및 이유, 임대차의 목적인 주택, 임차권등기의 원인이 된 사실 등을 적어야 하며, 신청의 이유와 임차권등기의 원인이 된 사실을 **소명하여야 한다.**

4. 등기명령의 신청과 그에 따른 임차권등기와 관련한 비용을 임대인에게 청구할 수 있다.

5. 임차인은 임차권등기를 마치면 대항력과 우선변제권을 취득한다. 다만, 임차인이 임차권등기 이전에 이미 취득한 대항력과우선변제권은 유지된다.

6. 임차권등기가 경료된 주택을 그 이후에 임차한 임차인은 **최우선변제**를 받을 권리는 인정되지 **않는다. ※ 단, 우선변제권은 인정된다.**

7. 임차권등기 이후에는 대항요건을 상실하더라도 이미 취득한 대항력이나 우선변제권을 상실하지 아니한다.

8. 임대인의 임대차보증금의 반환의무가 임차인의 **임차권등기 말소의무보다 먼저 이행**되어야 할 의무이다.

9. 배당요구 하지 않아도 배당 받을 수 있다.

8. 주택임차권 승계제도 ⇨ 주의 상속이 아님!

① **상속권자가 없는 경우**: 가정공동생활을 하던 사실혼인관계자가 임차인의 권리 · 의무 승계
② **상속권자가 있는 경우**
  ㉠ 상속인이 가정공동생활을 하는 상속인이 권리 · 의무 승계
  ㉡ 상속인이 가정공동생활을 하지 아니한 때는 사실혼인 자와 **2촌 이내의 친족이 공동**으로 승계
③ **승계포기**: 임차인의 사망 후 **1개월 이내**에 임대인에 대하여 반대의사를 표시하여야 함.

━━━━━ 대표문제 및 빈출지문 정리 ━━━━━

01 주거용 건물인지 여부는 공부상의 표시만을 기준으로 할 것이 아니라 그 실제 용도에 따라 정한다. ( )

02 임차인이 임대차기간 종료 2개월 전까지 갱신거절의 통지를 하지 않은 경우, 그 기간만료시에 전 임대차와 동일한 조건으로 묵시적 갱신이 된다. ( )

03 주택임차인은 계약갱신요구권을 1회에 한하여 행사할 수 있다. 이 경우 갱신되는 임대차의 존속기간은 2년으로 본다. ( )

04 임대인은 임차인이 2기의 차임액에 해당하는 금액의 연체한 사실이 있는 경우 또는 임대인(직계존속 · 직계비속을 포함)이 주택에 실제 거주하려는 경우 등은 갱신요구를 거절할 수 있다. ( )

05 가압류등기가 된 주택을 임차하여 입주한 후 주민등록을 마친 경우에는 그 강제경매절차에서 임차인은 대항할 수 있다. ( )

06 임차인의 보증금 중 일정액이 주택가액의 3분의 1을 초과하는 경우에는 주택가액의 3분의 1에 해당하는 금액까지만 우선변제권이 있다. ( )

07 확정일자 받은 임차인은 당해 임차보증금 중 일정액에 대해 후순위권리자 기타 채권자보다 우선변제를 받을 수 있다. ( )

08 주택임대차의 이해관계가 있는 자는 확정일자 부여기관에 해당 주택의 확정일자 부여일, 차임 및 보증금 등의 정보의 제공을 요청할 수 있으며, 임대차계약을 체결하려는 자도 임대인의 동의를 받아 정보제공을 요청할 수 있다. ( )

09 임대차계약을 체결할 때 임대인은 임차인에게 해당 주택의 확정일자 부여일, 차임 및 보증금 등 정보 및 국세·지방세 납부증명서를 제시하여야 한다. ( )

10 임차인이 보증금을 반환받기 위하여 스스로 강제경매를 신청하였다 하더라도 우선변제권을 인정받기 위하여 별도로 배당요구를 하여야 한다. ( )

11 임차인이 보증금반환청구소송 등을 통하여 강제경매를 신청하는 경우 반대채무의 이행 또는 이행의 제공을 집행개시요건으로 하지 않는다. ( )

12 임차권등기 경료 후 임차한 임차인에게는 최우선변제권(보증금 중 일정액)은 인정이 되나 우선변제권(보증금 전액)은 인정되지 않는다. ( )

13 임차인이 경매절차에서 배당금을 수령하기 위해서는 주택을 경락인에게 먼저 인도하여야 한다. ( )

14 임대인의 임대차보증금의 반환의무가 임차인의 임차권등기 말소의무보다 먼저 이행되어야 할 의무이다. ( )

15 증액청구는 임대차계약 또는 약정한 차임 등의 증액이 있은 후 1년 이내에는 하지 못한다. ( )

16 상속권자가 없는 경우, 가정공동생활을 하던 사실상 혼인관계에 있는 자가 임차인의 권리·의무를 승계한다. ( )

17 개업공인중개사가 甲소유의 X주택을 乙에게 임대하는 임대차계약을 중개하면서 양 당사자에게 설명한 내용으로 옳은 것은? (다툼이 있으면 판례에 의함)

① 乙이 X주택의 일부를 주거 외의 목적으로 사용하면 「주택임대차보호법」의 적용을 받지 못한다.

② 임차권등기명령에 따라 등기되었더라도 X주택의 점유를 상실하면 乙은 대항력을 잃는다.

③ 乙이 X주택에 대한 대항력을 취득하려면 확정일자를 요한다.

④ 乙이 대항력을 취득한 후 X주택이 丙에게 매도되어 소유권이전등기가 경료된 다음에 乙이 주민등록을 다른 곳으로 옮겼다면, 丙의 임차보증금반환채무는 소멸한다.

⑤ 乙이 임차권등기명령의 집행에 따라 임차권등기를 한 경우, 그 이후에 그 주택에 임차한 임차인은 보증금 중 일정액을 다른 담보물권자보다 우선하여 변제받을 권리가 없다.

18 甲소유의 X주택에 대하여 임차인 乙이 주택의 인도를 받고 2024. 3. 3.10:00에 확정일자를 받으면서 주민등록을 마쳤다. 그런데 甲의 채권자 丙이 같은 날(24. 3. 3.13:00)에, 다른 채권자 丁은 2024. 3. 4.14:00에 X주택에 대해 근저당권설정등기를 마쳤다. 임차인 乙에게 개업공인중개사가 설명한 내용으로 틀린 것은?

① 근저당권을 실행하여 X주택이 경매로 매각된 경우, 丙과 丁의 근저당권은 물론 乙의 임차권은 모두 소멸한다.

② 丙이 근저당권을 실행하여 X주택이 경매로 매각된 경우, 乙보다는 丙이 먼저 배당을 받게 된다.

③ 乙은 X주택이 경매로 매각된 경우, 丁보다 우선하여 보증금 전액을 배당받을 수 있다.

④ X주택에 대해 乙이 집행권원을 얻어 강제경매를 신청하였더라도 우선변제권을 인정받기 위해서는 배당요구의 종기까지 배당요구를 하여야 한다.

⑤ X주택이 경매로 매각된 후 乙이 우선변제권 행사로 보증금을 반환받기 위해서는 X주택을 먼저 매수인에게 인도하여야 한다.

정답 및 해설

1. (○)   2. (○)   3. (○)   4. (○)
5. (×) [해설] 없다.
6. (×) [해설] 2분의 1
7. (×) [해설] 임차보증금 전액
8. (○)   9. (○)
10. (×) [해설] 하지 않아도 된다.
11. (○)
12. (×) [해설] 최우선 (×), 우선변제 (○)
13. (○)   14. (○)   15. (○)   16. (○)
17. ⑤ [해설] ① 적용된다. ② 대항력이 유지된다. ③ 확정일자 불요 ④ 소멸되지 않는다.
18. ④ [해설] 임차인 乙이 X주택에 대해 강제경매를 신청한 경우에는 배당요구를 하지 않아도 된다.

테마 46 상가건물 임대차보호법

━━━━━ 핵심포인트 ━━━━━

1. 적용범위

1. 사업자등록 대상인 영업용 건물 + 일정 보증금액 이하

2. 환산보증금 : (보증금 + "월세 × 100")

> 1. **서울특별시** - 9억원 이하
> 2. **과밀억제권역**(서울특별시는 제외한다) **및 부산광역시** - 6억 9천만원
> 3. **광역시**(과밀억제권역에 포함된 지역과 군지역, 부산광역시는 제외), **세종특별자치시, 파주시, 화성시, 안산시, 용인시, 김포시 및 광주시** - 5억 4천만원
> 4. **그 밖의 지역** - 3억 7천만원

예컨대, 서울에서 **보증금 10억원**에 임대차계약을 체결하였다면 이 법이 적용되지 않는다. 따라서, **우선변제권, 임차권등기명령, 최단기간 등은 인정되지 않는다.**

> ※ 다만, 환산보증금이 초과한 경우에도 예외적으로 3기 차임액 연체 및 해지, 대항력, 권리금, 계약갱신요구권 등은 적용된다.

3. 미등기전세나 영리법인에도 적용된다.

4. 보관, 제조, 가공 등 **사실행위만이 행해지는 공장, 창고** 등은 영업용 건물로 볼 수 없으나, 물품을 고객에 인도하고 수수료를 받는 등 영업활동이 함께 이루어지는 **하나의 사업장**이라면 이 법 적용대상이 된다.

2. 임대차 기간

1. 기간을 정하지 아니하거나 기간을 1년 미만으로 정한 임대차는 기간을 1년으로 본다.
　⇨ 다만, **임차인**은 1년 미만으로 정한 기간이 유효함을 주장할 수 있다.

2. 임대차가 종료한 경우에도 임차인이 보증금을 돌려받을 때까지는 임대차 관계는 존속하는 것으로 본다.

3. 임차인은 「감염병의 예방 및 관리에 관한 법률」에 따른 집합제한 또는 금지조치(운영시간 제한포함)를 **총 3개월 이상** 받음으로써 폐업한 경우에는 임대차를 해지할 수 있다.
　⇨ 임대인이 계약해지의 통고를 받은 날부터 **3개월**이 지나면 효력이 발생한다.

3. 묵시적 갱신(법정갱신)

1. 임대인이 임대차 기간이 **만료되기 6개월 전부터 1개월 전까지**에 임차인에게 갱신거절 또는 조건 변경의 통지를 하지 아니한 경우에는 그 **기간이 만료된 때에 전 임대차와 동일한 조건**으로 다시 임대차한 것으로 본다. ⇨ 이 경우에 임대차의 **존속기간은 1년으로 본다**.

2. **임차인은 언제든지** 임대인에게 계약해지의 통고를 할 수 있고, 임대인이 통고를 받은 날부터 **3개월**이 지나면 효력이 발생한다.

4. 계약갱신요구권

1. 임대인은 임차인이 임대차기간 **만료 전 6개월부터 1개월까지** 사이에 행하는 계약갱신 요구에 대하여 정당한 사유 없이 이를 거절하지 못한다.
   다만, 다음의 경우에는 거절할 수 있다. ⇨ **나머지 내용은 「주택임대차법」과 동일함!**

   > 1. **상임법** : **임차인이 3기의 차임액**을 연체한 사실이 있는 경우
   > 2. **주임법** : 임차인이 **2기의 차임액**을 연체한 사실이 있는 경우
   > 3. **주임법** : 임대인(**임대인의 직계존속·직계비속을 포함**)이 주택에 **실제 거주하려는 경우**

2. 임차인의 계약갱신 요구 권은 **최초의 임대차 기간을 포함한 전체 임대차 기간이 10년**을 초과하지 않는 범위 내에서만 행사할 수 있다.

3. 갱신되는 임대차는 전 임대차와 동일한 조건으로 다시 계약된 것으로 본다. 다만, 차임과 보증금은 **5% 범위 내**에서 증액할 수 있다. ⇨ **단, 보증금 9억 초과의 경우 적용 (×)**

5. 대항요건(인도 + 사업자등록신청)

1. 임차인이 **건물의 인도와 사업자등록을 신청**하면 그 다음 날부터 제3자에 대하여 효력이 생긴다.

2. 사업자등록을 마친 상가건물임차인이 **폐업신고를 하였다**가 다시 같은 상호 및 등록번호로 사업자등록을 한 경우 상가임차법상 **기존의 대항력 및 우선변제권은 상실된다**.

6. 최우선변제(대항요건 + 소액보증금)

> 1. **서울특별시** : 6천500만원 ~ 2천200만원
> 2. **과밀억제권역**(서울특별시는 제외한다) : 5천500만원 ~ 1천900만원
> 3. **광역시**(과밀억제권역에 포함된 지역과 군지역은 제외), 안산시, 용인시, 김포시 및 광주시 : 3천8백만원 ~ 1천300만원
> 4. **그 밖의 지역** : 3천만원 ~ 1천만원

※ 소액보증금액 = 보증금과 차임을 환산한 금액의 합계가 위의 금액 이하여야 한다.

www.pmg.co.kr

1. 임차인의 최우선변제금액이 상가건물의 가액(대지가액을 포함)의 **2분의 1을 초과**하는 경우에는 건물의 가액의 2분의 1에 해당하는 금액에 한하여 최우선변제권이 있다.

2. 임차인이 **경매신청등기 전에 대항요건을 갖춘 경우**에는 경매 · 공매시 낙찰대금으로부터 보증금 중 일정액에 대해 최우선변제를 받을 수 있다.

7. 우선변제(대항요건 + 확정일자)

1. 대항요건을 갖추고 **관할 세무서장**으로부터 임대차계약서상의 확정일자를 받은 임차인은 경매 또는 공매시 임차건물(임대인 소유의 대지를 포함)의 환가대금에서 **후순위권리자나 그 밖의 채권자보다 우선**하여 보증금을 변제받을 권리가 있다.

2. **배당요구 종기**까지 배당신청을 하여야 한다.

8. 기타 관련 내용

1. **3기의 차임액**에 해당하는 금액에 이르도록 차임을 연체한 경우에는 임대인은 계약갱신청구권을 거절할 수 있다.

2. 차임연체액이 **3기의 차임액**에 달하는 때에는 임대인은 계약을 해지할 수 있다.

> ① **임차인이 갱신 전부터** 차임을 연체하기 시작하여 갱신 후에 차임연체액이 3기의 차임액에 이른 때에도 임대인은 계약을 해지할 수 있다(판례).
> ② 임대인 지위가 **양수인에게 승계된 경우** 이미 발생한 연체차임 채권은 따로 **채권양도의 요건**을 갖추지 않는 한 **승계되지 않는다**(판례).

3. 증액청구(5% 이내)는 임대차계약 또는 약정한 차임 등의 증액이 있은 후 1년 이내에는 하지 못한다. ※ **감액청구는 제한이 없다.**

4. 임차인은 임차건물을 **양수인에게 인도**하지 아니하면, 임차인은 경매 또는 공매시 임차건물의 환가대금에서 우선하여 보증금을 받을 수 없다.

5. 임대인의 동의를 받고 전대차계약을 체결한 전차인은 임차인의 계약갱신요구권 행사기간 이내에 임차인을 대위하여 임대인에게 계약갱신요구권을 행사할 수 있다.

6. 임대차계약의 **당사자가 아닌 이해관계인 또는 임대차계약을 체결하려는 자**는 관할 세무서장에게 보증금 및 차임, 기간 등(**임대인 · 임차인의 인적 사항 제외**)이 기재된 서면의 열람 또는 교부를 요청할 수 있다.

9. 권리금의 보호

1. 임대인은 임대차 기간이 끝나기 **6개월 전부터 임대차 종료시까지** 다음 행위를 함으로써 임차인의 **권리금 회수를 방해**하여서는 아니 된다.

2. **다음에 해당하는 경우는 권리금 방해행위가 아니다**(즉, 권리금 보호가 안 된다).

> 1. **계약갱신거절 사유가 있는 경우**
> 2. 임차인이 주선한 신규임차인이 보증금 또는 차임을 지급할 자력이 없는 경우
> 3. 신규임차인이 의무위반 또는 기타 임대차 유지가 어려운 사유 발생
> 4. 임대차 목적물을 **1년 6개월 이상** 사용하지 않은 경우
> 5. 임대인이 선택한 신규 임차인과 권리금계약을 하고 지급받은 경우
> 6. 대규모점포(면적의 합계가 3천㎡ 이상) 또는 준대규모 점포의 일부인 경우, 임차건물이 국·공유재산인 경우
>
> 🔶주의 「전통시장 및 상점가 육성을 위한 특별법」: **전통시장은 권리금 보호 대상이다.**

3. 임대인의 손해배상 책임

> 1. 손해배상액은 신규임차인이 임차인에게 지급하기로 한 권리금과 임대차 종료 당시의 권리금 중 **낮은 금액**을 넘지 못한다.
> 2. **손해배상 시효**: 임대차가 **종료한 날부터 3년**
> 3. **전대인과 전차인 간에는 권리금보호 규정이 적용되지 않는다.**

━━━ 대표문제 및 빈출지문 정리 ━━━

01 임차인이 법인인 경우에는 적용된다. 다만, 일시사용을 위한 임대차임이 명백한 경우에는 적용되지 않는다. ( )

02 임차인이 상가건물의 일부를 임차하는 경우 대항력을 갖추기 위한 요건의 하나로 사업자등록 신청시 임차부분을 표시한 도면을 첨부해야 한다. ( )

03 다음은 서울에서 보증금액이 9억을 초과한 임대차에 대하여도 적용한다. ( )

> 예 3기의 차임연체와 해지, 대항력, 권리금보호, 계약갱신요구권 등

04 묵시의 갱신이 된 경우, 임차인은 언제든지 임대인에게 계약해지의 통고를 할 수 있고, 임대인이 통고를 받은 날부터 3개월이 지나면 효력이 발생한다. ( )

05 임차인의 계약갱신요구권은 최초의 임대차기간을 제외한 임대차기간이 10년을 초과하지 않는 범위 내에서만 행사할 수 있다. ( )

06 임대인의 동의를 받고 전대차계약을 체결한 전차인은 임차인을 대위하여 임대인에게 계약갱신요구권을 행사할 수 있다. ( )

07 임차인이 임대인의 동의 없이 목적 건물의 전부 또는 일부를 전대한 경우는 임대인은 계약갱신청구권을 거절할 수 있다. ( )

08 증액청구는 청구 당시의 차임 또는 보증금의 100분의 5의 금액을 초과하지 못한다. 다만, 차임 또는 보증금의 감액청구는 임차인에게 유리하므로 제한이 없다. ( )

09 임차인의 차임연체액이 3기의 차임액에 달하는 때에는 임대인은 계약을 해지할 수 있다. 따라서, 임차인이 갱신 전부터 차임을 연체하기 시작하여 갱신 후에 차임 연체액이 3기의 차임액에 이른 때에도 임대인은 계약을 해지할 수 있다. ( )

10 임대차는 그 등기가 없는 경우에도 임차인이 건물의 인도와 사업자등록을 신청하면 그 날부터 제3자에 대하여 효력이 생긴다. ( )

11 임차인의 보증금 중 일정액이 상가건물의 가액(대지가액을 포함)의 2분의 1을 초과하는 경우에는 상가건물의 가액의 3분의 1에 해당하는 금액에 한하여 우선변제권이 있다. ( )

12 임차인은 대항력과 확정일자를 갖춘 경우, 경매에 의해 매각된 임차건물을 양수인에게 인도하여야 배당에서 보증금을 수령할 수 있다. ( )

13 임대인은 임대차기간이 끝나기 3개월 전부터 임대차 종료시까지 임차인이 권리금을 지급받는 것을 방해하여서는 아니 된다. ( )

14 권리금 방해로 인한 손해배상액은 신규임차인이 지급하기로 한 권리금과 임대차 종료 당시의 권리금 중 높은 금액을 넘지 못하며, 임대차가 종료한 날부터 3년 이내에 청구한다. ( )

15 계약갱신거절사유가 있는 경우, 임대차 목적물을 2년 이상 사용하지 않은 경우, 임차건물이 국·공유재산인 경우 등은 권리금 보호를 받지 못한다. ( )

16 개업공인중개사가 중개의뢰인에게 「상가건물 임대차보호법」의 적용을 받는 상가건물임대차에 관하여 설명한 것으로 **틀린** 것은?

① 상가건물을 임차하고 사업자등록을 한 사업자가 폐업신고를 하였다가 다시 같은 상호 및 등록번호로 사업자등록을 했다면 기존의 대항력은 상실한다.

② 2기의 차임액을 연체한 임차인에 대해 임대인은 이를 이유로 계약갱신의 요구를 거절할 수 없다.

③ 임대차가 묵시적으로 갱신된 경우, 그 존속기간은 임대인이 그 사실을 안 때로부터 1년으로 본다.

④ 임대차계약종료 전 임차인이 계약의 갱신을 요구한 경우 임대인은 일정한 요건하에 건물의 대부분을 철거함을 이유로 계약의 갱신을 거절할 수 있다.

⑤ 임대인 지위가 양수인에게 승계된 경우 이미 발생한 연체차임채권은 따로 채권양도의 요건을 갖추지 않는 한 승계되지 않는다.

17 개업공인중개사가 선순위 저당권이 설정된 서울시 소재 상가건물(상임법이 적용됨)에 대해 임대차기간 2024. 10. 5.부터 2년, 보증금 6천만원, 월차임 100만원으로 임대차를 중개하면서 임대인 甲과 임차인 乙에게 설명한 내용으로 **틀린** 것은?

① 乙의 연체차임액이 300만원에 이르는 경우 甲은 계약을 해지할 수 있다.

② 甲은 차임 또는 보증금의 증액이 있은 후 1년 이내에는 다시 증액을 하지 못한다.

③ 乙은 최초의 임대차 기간을 포함한 임대차기간이 10년을 초과하지 않는 범위 내에서 계약갱신 요구권을 행사할 수 있다.

④ 乙이 임대차의 등기 또는 사업자등록을 마치지 못한 상태에서 2024. 12. 5. 甲이 상가건물을 丙에게 매도한 경우, 丙의 상가건물 인도청구에 대하여 乙은 대항할 수 없다.

⑤ 상가건물에 대한 경매개시 결정등기 전에 乙이 건물의 인도와 사업자등록을 신청한 때에는, 보증금 6천만원을 선순위 저당권자보다 우선변제 받을 수 있다.

정답 및 해설

1. (○)   2. (○)   3. (○)   4. (○)

5. (×) [해설] 포함한

6. (○)   7. (○)   8. (○)   9. (○)

10. (×) [해설] 다음 날부터

11. (×) [해설] 2분의 1

12. (○)

13. (×) [해설] 6개월

14. (×) [해설] 낮은 금액

15. (×) [해설] 1년 6개월 이상

16. ③ [해설] 임대차 기간이 만료된 때

17. ⑤ [해설] 서울 환산보증금이 6천500만원 이하인데, 환산보증금이 1억 6천만원이므로 최우선변제의 대상이 아니다.

테마 47 경매

■■■■■ 핵심포인트 ■■■■■

1. 경매 종류

강제경매	임의경매
집행권원(판결, 조서 등)에 의한 강제집행절차	근저당권, 전세권, 담보가등기 등의 **담보권의 실행 경매**

2. 권리분석

소멸주의(★ 근. 가. 담)	인수주의(★ 분. 유. 법)
말소기준권리 : 근저당권, 저당권, 가압류, 압류, 담보가등기	분묘기지권, 유치권, 법정지상권

※ 말소기준권리 중에 가장 먼저 설정된 권리가 인수와 소멸을 결정하는 기준이 된다.

1. (근)저당권, 담보가등기, 가압류채권, 압류채권은 모두 말소된다.

2. 매각부동산 위의 모든 저당권은 매각으로 소멸된다.

3. 지상권·지역권·전세권 및 등기된 임차권은 저당권·압류채권·가압류채권에 **대항할 수 없는 경우**(즉, 후순위)에는 매각으로 소멸된다.

4. 저당권·압류채권·가압류채권에 **대항할 수 있는**(즉, 선순위) 지역권·전세권 및 등기된 임차권은 매수인이 인수한다.

5. 선순위 전세권의 경우에는 배당요구를 한 경우에만 매각으로 소멸된다.

---

6. 매수인은 유치권자에게 그 유치권으로 담보하는 채권을 **변제할 책임이 있다.**

7. 유치권, 법정지상권은 항상 인수된다. ⇨ 다만, 유치권은 **경매개시결정등기가 경료되어 압류의 효력이 발생한 이후에 점유를 취득**한 경우는 매수인에게 대항할 수 없다.

8. 유치권자는 매수인에 대하여 그 피담보채권의 변제가 있을 때까지 유치 목적물의 부동산의 **인도를 거절할 수 있을 뿐**, 그 피담보채권의 변제를 청구할 수 없다.

---

9. 차순위매수신고는 그 신고액이 **최고가 매수신고액에서 그 보증액을 뺀 금액을 넘는** 때에만 할 수 있다.

10. 매수인은 매각대금을 완납시에 소유권을 취득한다.

11. 가압류채권에 대항할 수 있는 **전세권자**(선순위)**가 배당요구를** 하면 매각으로 인하여 소멸한다.

12. **강제경매절차 또는 담보권 실행을 위한 경매절차**를 개시하는 결정을 한 부동산에 대하여 다른 강제경매의 신청이 있는 때에는 법원은 다시 경매개시결정을 하고, **먼저 경매개시결정을 한 집행절차**에 따라 경매한다(법 제87조, 압류의 경합).

13. **소유권이전등기 등의 촉탁**: 매수인이 **대금을 완납**하면 매각부동산의 소유권을 취득한다. ⇨ 집행법원은 매수인 명의의 소유권이전등기 및 **말소등기를 등기관에 촉탁한다.**

14. 인도명령은 매각대금을 납부 후 **6개월 이내**에 채무자·소유자 또는 부동산의 점유자에 대하여 **인도명령**이 가능하다.

3. 기타

1. **매수신청보증금**: **최저매각가격의 10분의 1의 금액**에 해당하는 금전 또는 법원이 인정한 유가증권 보증 제공

2. **매각허가결정의 항고**(1주일 이내): **매각대금의 10분의 1**에 해당하는 금전 또는 법원이 인정한 유가증권을 보증으로 공탁하여야 한다.

3. 미등기건물 경매도 가능하다.

4. **배당요구종기**: **첫 매각기일 이전**의 날로 정해진다.

5. **매각결정기일**: 매각기일로부터 **7일** 이내로 정한다.

6. **매각방법 3가지**: ㉠ **호가경매** ㉡ **기일입찰**(1기일 2회 입찰 가능) ㉢ **기간입찰**

7. **최고가매수인의 결정**: 최고가입찰자가 2인 이상인 경우 그들만의 추가 입찰

8. **새매각**: 매각기일에 매수인이 없는 경우에는 법원은 **최저매각가격을 저감**(통상 20%)하고, 새매각기일을 정하여 다시 매각을 실시한다.

9. **재매각**: 대금지급기한 내에 매수인이 **매각대금지급의무**를 이행하지 아니하고, 차순위 매수신고인도 없는 경우에 법원이 직권으로 다시 실시하는 절차이다.

> ㉠ 최저매각가격의 저감률 적용이 없다.
> ㉡ 종전 매각과 동일한 매각조건으로 실시한다.
> ㉢ 재매각절차에서 전매수인은 매수신청을 할 수 없다.
> ㉣ 매수신청의 보증금 반환을 요구하지 못한다.

10. 농지취득자격증명서는 **매각허가결정기일까지** 제출한다. ⇨ 미제출시 불허가결정한다.
    ※ 매수신청시에 농지취득자격증명서 제출한다. (×)

11. 채권자가 매수인인 경우에는 배당금으로 **상계신청** 가능하다.

━━━━━━━ 대표문제 및 빈출지문 정리 ━━━━━━━

01 유치권은 인수권리에 해당하나, 경매개시결정등기가 경료 되어 압류의 효력이 발생한 이후에 점유를 취득한 경우에는 매수인에게 대항할 수 있다.　　　　　　　　　(　　)

02 매각허가결정에 대하여 항고를 하고자 하는 경우는 최저매각가격의 10분의 1에 해당하는 금전 또는 법원이 인정한 유가증권을 보증으로 공탁하여야 한다.　　　(　　)

03 임차건물이 매각되더라도 보증금이 전액 변제되지 않는 한 대항력 있는 임차권은 소멸하지 않는다.　　　　　　　　　　　　　　　　　　　　　　　　　(　　)

04 재매각절차에서 전의 매수인은 매수신청을 할 수 없으나, 매수신청의 보증금을 돌려줄 것을 요구할 수는 있다.　　　　　　　　　　　　　　　　　　　　(　　)

05 최고가매수신고인 또는 차순위매수신고인이 매각대금을 납부하지 않았을 경우 최저매각가격을 저감하여 재매각을 실시한다.　　　　　　　　　　　　　(　　)

06 부동산의 매각은 호가경매, 기일입찰 또는 기간입찰의 세 가지 방법 중 집행법원이 정한 방법에 따른다.　　　　　　　　　　　　　　　　　　　　　　(　　)

07 매수인은 유치권자에게 그 유치권으로 담보하는 채권을 변제할 책임이 있다.　　(　　)

08 저당권, 가등기담보권 등의 배당의 우선순위는 설정등기일 선·후에 의한다.　　(　　)

09 담보목적이 아닌 최선순위 소유권이전등기청구권보전의 가등기는 매각으로 소멸하지 않는다.　　　　　　　　　　　　　　　　　　　　　　　　　　(　　)

10 매각부동산 위의 모든 저당권과 담보가등기권리는 매각으로 소멸된다.　　　　(　　)

11 최선순위의 전세권으로서 가압류채권에 대항할 수 있는 경우 전세권자가 배당요구를 하더라도 전세권은 매수인이 인수한다.　　　　　　　　　　　　(　　)

12 매각결정기일은 매각기일부터 1주 이내로 정해야 한다.　　　　　　　　(　　)

13 경매개시결정을 한 부동산에 대하여 다른 강제경매의 신청이 있는 때에는 법원은 뒤의 경매신청을 각하해야 한다. ( )

14 다음 중 부동산경매에 관하여 설명한 내용으로 <u>틀린</u> 것을 모두 고른 것은?

> ㉠ 차순위매수신고는 그 신고액이 최고가매수신고액에서 그 보증금을 뺀 금액을 넘는 때에만 할 수 있다.
> ㉡ 재매각절차에는 종전에 정한 최저매각가격, 그 밖의 매각조건을 적용한다.
> ㉢ 매수인은 매각대금을 다 낸 후 소유권이전등기를 촉탁한 때 매각의 목적인 권리를 취득한다.
> ㉣ 압류의 효력이 발생한 후에 경매목적물의 점유를 취득한 유치권자는 매수인에게 대항할 수 없다.

① ㉠   ② ㉡   ③ ㉢
④ ㉣   ⑤ ㉢, ㉣

15 개업공인중개사가 부동산경매에 관하여 설명한 내용으로 <u>틀린</u> 것은?

① 기일입찰에서 매수신청의 보증금액은 최저매각가격의 10분의 1로 한다.
② 매각결정기일은 매각기일부터 1주 이내로 정해야 한다.
③ 임차건물이 매각되더라도 보증금이 전액 변제되지 않는 한 대항력 있는 임차권은 소멸하지 않는다.
④ 경매로 농지를 매수하려면 매수신청시에 농지자격취득증명서를 제출해야 한다.
⑤ 경매신청이 취하되면 압류의 효력은 소멸된다.

정답 및 해설

1. (×) [해설] 없다.
2. (×) [해설] 매각대금의 10분의 1
3. (○)
4. (×) [해설] 요구하지 못한다.
5. (×) [해설] 저감하지 않으면 동일조건으로 한다.
6. (○)   7. (○)   8. (○)   9. (○)   10. (○)
11. (×) [해설] 전세권자가 배당요구한 경우는 소멸한다.
12. (○)
13. (×) [해설] 먼저 실시되는 경매의 절차에 따라 진행한다.
14. ③ [해설] ㉢ 매각대금 완납시에 취득한다.
15. ④ [해설] 매각허가결정기일까지 제출

테마 48 공인중개사의 매수신청대리인 등록 등에 관한 규칙

━━━━ 핵심포인트 ━━━━

1. 매수신대리인의 위임범위 ⇨ 〈★ 보.입.차 – 우선〉!

> 1. 매수신청 **보증**의 제공
> 2. 매수신청의 **보증**을 돌려줄 것을 신청하는 행위
> 3. **입찰표**의 작성 및 제출
> 4. **차순**위매수신고
> 5. 공유자 또는 임대주택 임차인의 우선매수신고시 **차순**위매수신고인의 지위를
> 6. 공유자의 **우선**매수신고
> 7. 임차인의 임대주택 **우선**매수신고

⚡주의 인도명령, 항고, 매각기일 변경신청, 인도소송은 대리 범위에 포함되지 않는다.

1. **개업공인중개사만**이 매수신청대리인으로 등록할 수 있다. ⇨ ※ **공인중개사와 중개인** (×)

2. 개업공인중개사는 **중개사무소**(중개법인은 주된 중개사무소) **관할 지방법원의 장**에게 등록신청을 하여야 한다. ⇨ **지방법원장은 14일 이내 공인중개사 또는 중개법인으로 종별**을 구분하여 등록하여야 한다.

3. **실무교육**(등록신청일 전 1년 이내) : 대리인 등록을 하고자 하는 **개업공인중개사**(법인 대표자만)는 교육을 받아야 한다. ⇨ 다만, 폐업신고 후 1년 이내에 재등록신청시는 이수 의무 (×)

4. **업무보증제도** : 보증보험 또는 공제, 공탁 중에 선택하여 **등록신청 전에 설정**하여야 한다.

> ① **중개법인** : 4억원 이상
> ② **분사무소** : 분사무소마다 2억원 이상을 추가로 설정
> ③ **공인중개사인 개업공인중개사** : 2억원 이상

※ 폐업, 사망 또는 해산한 날부터 3년 이내에는 이를 회수할 수 없다.

5. 다음의 결격사유자는 등록이 불가하다.

> ① 매수신청대리인 **등록이 취소된 후 3년**이 지나지 아니한 자
>   ㄴ 단, 폐업으로 인한 등록취소 ⇨ 3년간의 결격기간을 적용하지 않는다.
> ② 「형법」상 공무집행방해죄, 경매, 입찰방해죄 등으로 유죄확정부터 **2년 미경과한 자**
> ③ 업무정지(법인의 업무정지 사유발생 당시 사원·임원) 기간 중 ~
> ④ 사원·임원이 ①②③에 해당하는 중개법인

6. 매수신청 대상물

① 토지	② 건물 그 밖의 토지의 정착물
③ 입목	④ 광업재단과 공장재단

7. **개업공인중개사**는 등기부등본 등 설명의 근거자료를 **제시하고** 대상물에 대한 위임인에게 **성실·정확하게 설명**하여야 한다.

① 대상물의 표시 및 권리관계
② 법령의 규정에 따른 제한사항
③ **대상물 경제적 가치**
④ 소유권을 취득함에 따라 부담·인수하여야 할 권리 등의 사항

    ㉠ 확인·설명서는, 서명·날인한 후 위임인에게 교부하고, 사본을 사건카드에 철하여 **5년간 보존**한다. ※ 중개대상물 확인·설명서는 3년

    ㉡ 확인·설명서는 법정서식을 사용하여야 하며, 서명·날인은 「공인중개사법」 규정에 의해 **등록된 인장을 사용**하여야 한다.

8. **개업공인중개사**가 매각장소 또는 집행법원에 직접 출석하여야 한다.

    ※ 소속공인중개사 (×)

9. **개업공인중개사의 대리행위** : 각 대리행위마다 대리권을 증명하는 문서(본인의 인감증명서가 첨부된 위임장과 대리인등록증 사본 등)를 제출하여야 한다. ➪ 다만, **같은 날 같은 장소에서 대리행위를 동시에 하는 경우**에는 하나의 서면으로 갈음할 수 있다.

    ※ 중개법인은 **대표자의 자격을 증명서면**을 추가로 제출하여야 한다.

10. 개업공인중개사는 다음의 경우는 **10일 안에 지방법원장에게 신고하여야 한다.**

① 중개사무소를 **이전**한 경우	② 중개업을 **휴업 또는 폐업**한 경우
③ 공인중개사 자격이 취소된 경우	④ 공인중개사 자격이 정지된 경우
⑤ 중개사무소 개설등록이 취소된 경우	⑥ 중개업무가 정지된 경우
⑦ 분사무소를 설치한 경우	

11. 기타

    ① 절대적 업무정지와 임의적 업무정지처분의 기간은 **1개월 이상 2년 이하**로 한다.

    ② **등록이 취소된 때**에는 사무실 내·외부에 대리업무에 관한 표시 등을 제거하여야 하며, **업무정지처분**을 받은 때에는 업무정지 사실을 중개사무소의 출입문에 표시하여야 한다.

    ③ **등록증 반납** : 등록이 취소된 자는 취소된 날로부터 **7일** 안에 등록증을 관할 지방법 원장에게 반납하여야 한다.

━━━━━━━━ **대표문제 및 빈출지문 정리** ━━━━━━━━

01 「공인중개사의 매수신청대리인 등록 등에 관한 규칙」에 관한 설명으로 틀린 것은?

① 매수신청대리인으로 등록된 개업공인중개사가 매수신청대리의 위임을 받은 경우 「민사집행법」의 규정에 따른 매수신청 보증의 제공을 할 수 있다.

② 매수신청대리인으로 등록한 개업공인중개사는 업무를 개시하기 전에 위임인에 대한 손해배상책임을 보장하기 위하여 보증보험 또는 협회의 공제에 가입하거나 공탁을 하여야 한다.

③ 개업공인중개사가 매수신청대리를 위임받은 경우 대상물의 경제적 가치에 대하여 위임인에게 성실·정확하게 설명해야 한다.

④ 개업공인중개사가 매수신청대리 위임계약을 체결한 경우 그 대상물의 확인·설명서 사본을 5년간 보존해야 한다.

⑤ 중개업과 매수신청대리의 경우 공인중개사인 개업공인중개사가 손해배상책임을 보장하기 위한 보증을 설정해야 하는 금액과 같다.

02 다음 중 타당한 것은 몇 개인가?

┌───
│ ⊙ 공인중개사인 개업공인중개사는 매수신청대리인으로 등록하지 않더라도 경매 대상 부동산에 대한 권리분석 및 알선을 할 수 있다.
│ ⓒ 입목은 중개대상물이 될 수 있으나 매수신청대리의 대상물이 될 수 없다.
│ ⓒ 매수신청대리인이 되고자 하는 법인인 개업공인중개사는 주된 중개사무소가 있는 곳을 관할하는 지방법원장에게 매수신청대리인 등록을 해야 한다.
│ ⓔ 중개사무소를 이전한 경우 그 날부터 10일 이내에 관할 지방법원장에게 그 사실을 신고하여야 한다.
│ ⓜ 중개사무소 폐업신고로 매수신청대리인 등록이 취소된 경우 3년이 지나지 아니하면 다시 매수신청대리인 등록을 할 수 없다.
│ ⓗ 개업공인중개사는 본인의 인감증명서가 첨부된 위임장과 매수신청대리인등록증 사본을 한 번 제출하면 그 다음 날부터는 대리행위마다 대리권을 증명할 필요가 없다.
└───

① 1개   ② 2개   ③ 3개   ④ 4개   ⑤ 5개

│ 정답 및 해설 │

1. ② [해설] 매수신청대리인으로 등록신청 전에 보증을 설정하여야 한다.
2. ③ [해설] ⓒ 중개대상물과 동일하게 입목도 대상이다. ⓜ 3년간의 결격기간이 적용되지 않으므로 등록이 가능하다. ⓗ 같은 날, 같은 장소에서 대리행위를 동시에 하는 경우에는 하나의 서면으로 갈음한다.

제36회 공인중개사 시험대비 **전면개정판**

2025 **박문각** 공인중개사
최상준 중개사법 또 나올 핵심요약 및 지문 완성노트

초판인쇄 | 2024. 12. 15. **초판발행** | 2024. 12. 20. **편저** | 최상준 편저
발행인 | 박 용 **발행처** | (주)박문각출판 **등록** | 2015년 4월 29일 제2019-000137호
주소 | 06654 서울시 서초구 효령로 283 서경빌딩 4층 **팩스** | (02)584-2927
전화 | 교재 주문 (02)6466-7202, 동영상문의 (02)6466-7201

저자와의
협의하에
인지생략

정가 16,000원
ISBN 979-11-7262-432-3